地元で広告代理店の

営業女子はじめました

えりた

プロローグ／ごあいさつ

はじめまして
えりたと申します
自宅で広告制作の
仕事をしています
でも以前は
広告代理店で
あと10分で
伺います！
バリバリ働く
営業ウーマン
でした
キャリアの階段を
一足飛びで
駆け上がるような
日々…
キャリアの
階段のぼるー
昇進
異動
転職
昇進
平社員
入社

会社を退職するとき部下から言われた一言——
僕たちはもっとえりたさんから営業のコツを学びたかったです！
……
この言葉は数年経っても心のしこりになっていました
そんなときふと——
あっ これまでの営業人生を漫画にしてみたらどうだろう
もしかしたら仕事で悩んでる人に何か伝えられるかもしれない…
いろいろあったもんなぁ…

営業時代の話をSNSに投稿しはじめたところ
おお〜っ
たくさんの方から反響がありました
社会人の方
就職活動中の方
営業職で悩んでる方
その親御さん…
みんなもがきながらがんばってるんだなぁ…
テレアポができなくて悩んでいます
営業職を受けるか迷ってます
会社つらい辞めたい
営業あるあるに共感しました
私の社会人1年目は
本当に本当にダメダメで
毎日怒られて泣いて落ち込んで
けれど今振り返ると宝物のような毎日でした

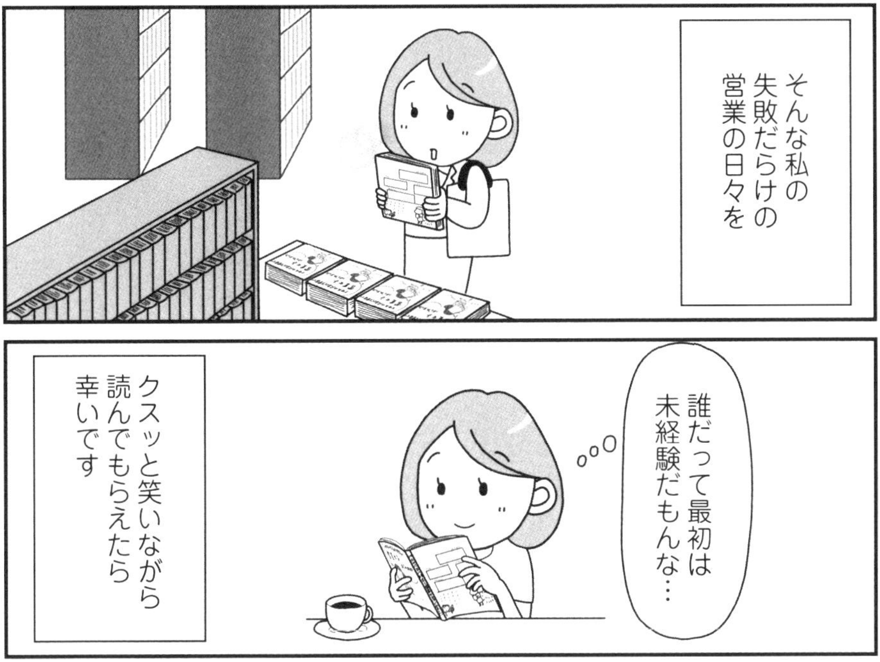
そんな私の
失敗だらけの
営業の日々を
誰だって最初は未経験だもんな…
クスッと笑いながら
読んでもらえたら
幸いです

えいえい
ぎょー!!

目次

プロローグ／ごあいさつ 2
目次 6
登場人物紹介 8

第1章 今日から営業女子！

①初出社はドキドキ 10
②求人広告って？ 16
③不安だらけの初仕事 20
④棚からボタッと初受注 30
新人 あるある 36
【営業女子のお悩み えりたにQ&A】 44

第2章 働くって大変！

①ドタバタ飛び込み!? 46
②お客様に死ねよと言われた話 53
③あたりまえの報・連・相 65
新人営業 あるある 68
【営業女子のお悩み えりたにQ&A】 74

第3章 学ぶ、営業の極意!?

①数字にこだわれ 76
②ついにバタンキュー 86
③期待に応えたい 91
④デキる営業マンのマネから？ 96
⑤プロ集金への道 104
お金にまつわる あるある 110

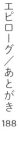

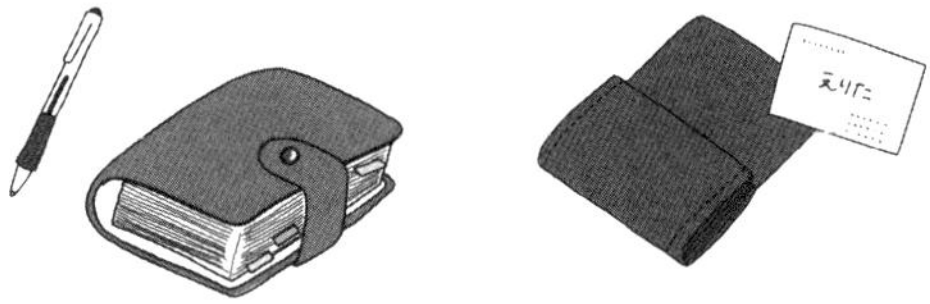

第4章 出会いは一期一会

①見た目って大切！ 114
②魔法のことば 121
お客様！ あるある 128
飛び込み先 あるある 132
テレアポ あるある 136

第5章 失敗は油断した頃に…

①トラブルで大損害!? 140
②幸せへのジャンプ 152
③壁を乗り越えて 157
校正 あるある 166
【営業女子のお悩み えりたにQ&A】 170

第6章 働く営業女子

①はじめての後輩 172
②営業と私 180

エピローグ／あとがき 188

登場人物紹介

広告代理店 エース 求人事業部

えりた

新卒入社のひよっこ営業女子。仕事の厳しさに直面しながら、毎日奔走する本書の主人公。

たまき先輩

えりたの先輩。仕事のさばき方、集金業務が秀逸。

上《うえ》村《むら》主任

数々の会社で営業経験を積んできた営業のプロ。えりたの教育係として熱血指導する。

山田部長

えりたの上司。のほほんとした雰囲気だが、いざというときに部長としての威厳を放つ。

お客様

宮沢様

人材派遣会社の広告担当者。できの悪い営業マンには冷たいが、一度認めた営業マンには全幅の信頼を寄せる。

島田社長

飲食店を複数経営し、フランチャイズ※展開も行う敏腕社長。パワフルなオーラで周囲を巻き込むのが得意。

※フランチャイズとは…ノウハウや知名度のあるお店の看板を加盟店に公開し研修制度やマニュアル配布など開業の支援を行うこと

居酒屋パオパオの店長

人気居酒屋店の店長。常に人手不足なのが悩み。コワモテで口調は荒いが……。

第1章 今日から営業女子！

①初出社はドキドキ
②求人広告って？
③不安だらけの初仕事
④棚からボタッと初受注

第1話　初出社はドキドキ

明日に備えて早く寝よう！
4月
あれ？特に言われてないけどスーツで出社だよね…？
持ち物は筆記用具と印鑑でしょ年金手帳でしょ………
他に必要な物あるのかな？
「社会人 入社式持ち物」で検索…
緊張して眠れず明け方までググッていた

4月1日
入社式
大学卒業後
新卒で地元の
広告代理店に就職
はわわわ…
緊張するなぁ
私が入社した
〈広告代理店エース〉は
複数の情報誌を発行
タウンクーポン
求人エース
正社員特集
住宅ライフ
営業職として
採用されたものの
同期は美男美女の
4人で〈私を除く〉
リア充オーラに
圧倒された
大学どこ?
俺はJ大だよ
みんな営業
かぁ
私は経理だよ
ひぇ〜っ

みんなキラキラしてるなぁ…
私みたいな地味なやつがやっていけるのか
華やか軍団すごいな…
不安しかない
面接のときに
礼儀礼節とチームワーク力が身に付いてます!
…なんて言ったけど
正直自信ないっス!
はは…むりむり
新卒とあと中途の人もあいさつしてねー
スッ
人事
え?中途の人もいるの?
ぬっ……

そこには
異彩を放つ
超ド派手な人が!!
ちっす
業界人っぽい!
派手っ
えっと
営業さん
ですか…?
いえ?
僕はデザイナーです
デザイナーって
派手なんだな…
顔丸いなぁ…
この人が後々
私の救世主となるが
このときはまだ
知る由もない
早速ですが
営業職の方は――
どの情報誌を
担当するか
こちらで
割りふりますね
はいっ

えりたさんは求人誌担当です
それから田中さんは～
はいっ!!
求人誌…!

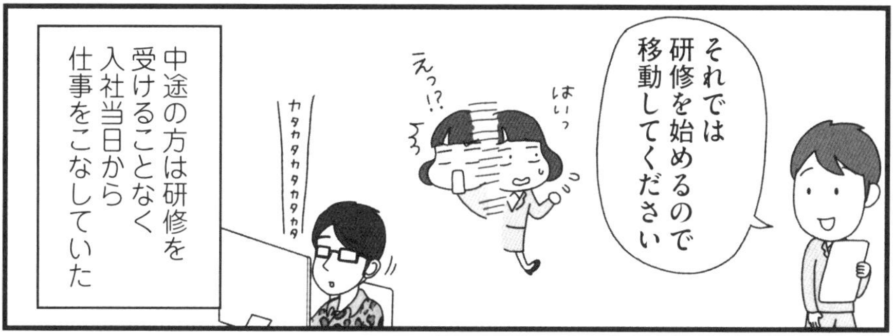
それでは研修を始めるので移動してください
はいっ
えっ!?
カタカタカタカタカタカタ
中途の方は研修を受けることなく入社当日から仕事をこなしていた

入社2時間でもうぐったり……

第2話　求人広告って？

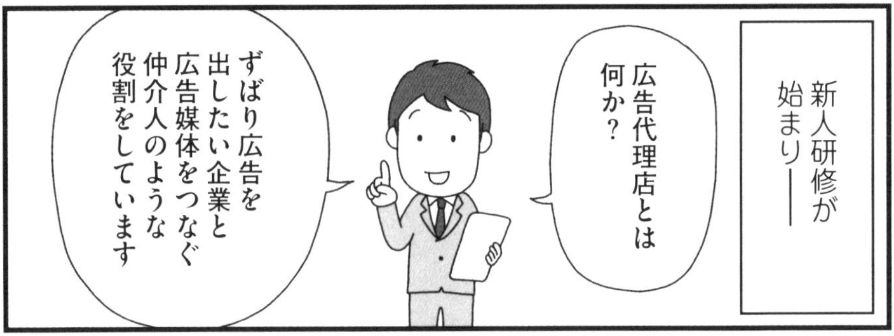
新人研修が始まり――
広告代理店とは何か？
ずばり広告を出したい企業と広告媒体をつなぐ仲介人のような役割をしています

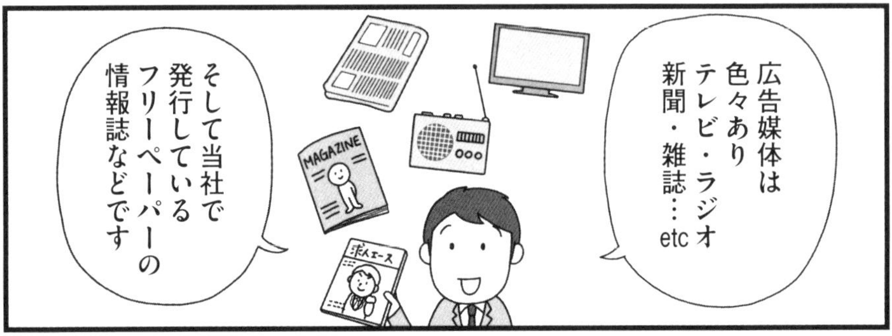
広告媒体は色々ありテレビ・ラジオ新聞・雑誌…etc
MAGAZINE
求人エース
そして当社で発行しているフリーペーパーの情報誌などです

広告代理店営業職のおおまかな仕事内容
訪問してヒアリング
広告提案・受注
各人のスケジュール管理
広告制作・出稿
効果分析
アフターフォロー
広告代理店は大きく分けて３種類
・総合広告代理店
大手
・専門広告代理店
・インターネット広告会社
WEB系
当社はここです
専門的な広告媒体や特定の広告媒体を取り扱う
提案から制作アフターフォローまで総合的に手がけます
ほえ〜

例として飲食店のお客様が忘年会シーズンに広告宣伝するとします
広告代理店を利用した場合
・営業マンが提案から広告ノウハウ、媒体選定、印刷まで一括サポート
・手間がかからず効果的な宣伝効果が期待できる
ノウハウ
媒体選定
提案
印刷手配
配布
クーポン誌
忘年会特集
広告代理店を利用しない場合
・お客様自身が宣伝方法を考え作成し、配布する
・手間がかかり、広告ノウハウがない場合は宣伝効果が少ない恐れもある
忘年会
忘年会
忘年会
当社は主にフリーペーパーを使った広告媒体を駅や街中で無料配布し
消費者のもとに届けています
このお店行ってみよっと♪
タウンクーポン
FREE ¥0
タウンクーポン
あなた方のアイディアが形となり地域活性化に貢献していくのです
Ooo
なるほどなぁ…

求人事業部
部長の山田です
よろしくね
ではえりたさんっ
求人エース
ところで
求人広告って
何のためにあると思う？
ええと…
仕事を探してる人に
求人情報を
提供するため…？
それと企業は
求人広告を通して
良い人材を獲得
するため…ですか？
そう！
その通り！
YES!!
良質な求人情報を
求職者に届け…
企業と求職者が
結びつき…
地域や社会の発展に
貢献できる…
すばらしい仕事
なんだよ
求人エース
おおお……
すごい…すごいよ…
求人誌作るって
かっこいい!!
私社会で
縁の下の力持ちに
なれるんじゃないの!?
仕事への不安は
一気に使命感へと
変わっていった（単純）

部長！
私がんばります！
社会のためになる
求人誌を
作りまーす！
おっ
それは
頼もしい！
ガラガラ
求人エース
早速えりたさんには
設置店開拓を
やってもらうから
え？
せっちてん
かいたく？
なんすか
それ…
求人エース
うちの求人誌を
地域のお店に頼んで
置かせてもらうの
お店の入口で
こういうラック
見るでしょ？
現在県内にある
求人誌の設置店は
1000カ所！
これを
3カ月以内に
2.5倍に増やしたい
めざせ
設置店数
2,500カ所!!
ラック置き
平置き
なんでも
オッケー
えりたさん中心に
開拓をしてほしい！
まじで!?
3カ月で
1500カ所
増やすん
ですか？
1日20カ所
開拓する
感じかな♪
設置して
もらうのに
お金払うん
ですよね？
いや
タダで置いて
もらうんだよ
あがが…
あが…が…
いきなり
ハードな業務…!?

第3話 不安だらけの初仕事

求人誌の設置店開拓スタート！
ああ…きんちょう…
ラーメン めんた
求人エース
へいらっしゃい！お一人様ですか？
あ…いやぇーと求人エースの者でして…
んあ!? 求人は間に合ってるよ！
いえいえっ
求人広告の営業じゃなくてうちの求人誌をお店に置いてほしいんです…
……
それってうちにメリットあるの？
たぶんないです…
じゃあ断る
前途多難…！

戻りました…
おつかれー
どうだった？設置店開拓
それがお店の人に「うちが求人誌置くメリットあるの？」と言われてしまって
たしかにお店にとってのメリットないなーって
や…やっぱり場所代払ったりしないと難しいんじゃないですかね？
無料で置いてもらうのは申し訳ないような
場所代月5千円でどうです？
……
うん だから それは無理
うち中小だし予算ないし
キリッ
それをなんとかするのが部長の仕事でしょうよ…

後日
部長に同行してもらうことに…
お手本を見せてくださいっ
求人エース
はいよ〜
ラーメンめんたへGO〜
勝手口から…
失礼します
お世話になります！
求人エースの山田と申します！
社長
ご休憩中に
申し訳ありません！
先日もお願いに伺いましたが
ぜひ弊社の求人誌をお店に置かせていただきたいんですよ〜
求人誌を手にしたいお客さんが
来店するきっかけになると思いますし
求人誌内で設置店のご紹介をしますので
お店の宣伝にもなるかと！
…なるほどね
じゃあ置いてもいいですよ
ありがとうございます〜!!
スゴイ…!!

どうして部長はすんなり受け入れてもらえたんですか?
お互いにメリットがあることを伝えたからだよ
求人誌を設置することで求職者の目に留まりやすくなるし
自社のメリット
誌面で店の宣伝ができ来店客が増えるきっかけにもなる
お客様のメリット
お互いにとって前向きな内容だから交渉もうまく進む「相手にとってのメリットはなんだろう?」と常に考えることが営業活動では大事なんだよ
なるほど……
相手のメリットになるのなら自信をもって交渉できそうだ
よしっ

翌日
気を取り直して
近所のスーパーへ
スーパーの裏口
お世話になります
ご休憩中すみません
求人エースの
えりたと申します！
求人エース
ぜぜひ当社の
求人誌をお店に
置かせてください！
求人誌を入手したい
お客さんが
来店されたら
それはもうお互い
ハッピーなことだと
思いませんか!?
しどろもどろ
なんか
よくわかんないけど
別に置いてもいいよ
アンタ
大変そうだし
店の入口の右側に置いてね
すくっ
ありがとう
ございます！
ありがとう
ございます！
部長！
スーパーで設置店
開拓できました！
お～
おめでとう
20件開拓するまで
戻って来ないでね☆
朝から晩まで
それから何日も
奔走していたが…

ある日
同期とランチしながら
近況報告をすると
みんな売上どう？
私 今月の新規5件
飛び込み営業キツいよな〜
あれ？ みんなもう営業かけてるの？ 設置店開拓はしてないの？
えっ？ クーポン誌もタウン誌も設置店の開拓やってないよ？
クーポン誌＆タウン誌組
求人誌だけなんで？
フツーに営業やってるぞ俺ら…
新人営業はみんな設置店開拓してるかと…
ガーン
そして初めての営業会議に参加——
何言ってるのかさっぱり…
??
経常利益と減価償却費の合計額で返すと何年で返せるのか？ これはですね…
これは一体いくらなのだろう… せんせんえん？
▲500,000 売上 1,000千円
△400,000
黒い三角と白い三角 これ何!?
あれなんか…
私出遅れてる？

まわりを見渡すと…
チラ…
いつもお世話になっておりますー
先輩たちはテキパキ仕事をこなし
よろしくねー
ええ ええ
同期は活躍して
先輩っ新規取ってきましたよ〜
おー すごいじゃん! おめでとう!
私 売上のない営業マンでいいのかな?
大丈夫かなぁ…
不安…
おーい えりたー

このあと飲みだから一緒に行くぞー
えっ…飲み!?
ですか?
あれ?なんで寿司屋?執行役員も一緒?
はーい♪じゃあおつかれさまです〜
いやーしかし…
一人で設置店開拓よくがんばったな!
おかげでだいぶ増えたからあとは俺にまかせろ
山田も無茶させるよね〜
日頃抱えていた疑問を思いきって聞いてみた
な…なんで私だけ設置店開拓をしたのでしょう!?
他の部署の同期たちは誰もやっていないようでして

…広告で反響を出すのは難しくてね特に求人広告はね
新しい職に就くのは一大イベントだし人によっては人生が大きく変わる
うちみたいなフリーペーパーの求人誌ってのは
普段誰も気に留めない存在で
求人エース
……
でも
いつでもどこでも職に困ってる人のそばに寄り添わなきゃいけないんだ
そのためには地域のお店の協力が必要不可欠だろ？
ごちそーさまー
まいどーっ!!
求人エース
実際に設置店開拓をしながらえりたにはそれを感じてほしかったんだ
それにうちの求人誌って
俺ら2人で作り始めたんだぜ？
そーそーだから設置店増えてこの人すごい喜んじゃってさー
ちゃんと意味のあることだったんだ…

ごちそうさまです 本日はありがとうございました
明日からまたがんばろうな！
おつかれ！
部署それぞれのやり方があるんだから 同期と比較する必要なんてないんだな
よーし 求人営業のプロ めざして がんばるぞー!!
おーーっ!!
まだまだひよっこだけど 地道にコツコツ がんばろうと思った

第4話　棚からボタッと初受注

後日 行きつけの美容室でも求人誌を置かせてもらえることに
店長～！本当にありがとうございます！
えりたは常連さんだしいいってことよ！
えりたが営業ねえ～
1カ月前
あっ そうだ！ウチの店求人募集出そうと思ってたの！
えりたにお願いしよっかな♪
えええええええっ
あたす!?
私…求人誌の設置店開拓しかまだやってなくて
広告の受注は初めてなんですが…
えーいいじゃん！初受注だねっ
よかったよかった♪
少々お待ちを！
部長！受注してよいですか!?
いちいち聞かなくていいんだよ…
思わぬところで初受注キタ――!!

その場ですぐ打ち合わせに
えー… ではこのヒアリングシートをもとに求人募集の内容を伺いますねっ
職種は？
資格は？
給与は？
待遇は？
勤務時間は？
その他備考は？
え〜そんな細かいことまで載せるのぉ？
なんとかまとめたのだが…
細かいっつーかなんつーか…
ヒアリングシート
職種 スタイリスト
資格 経験5年〜
給与 面談にて
待遇 ？
時間 ？
備考
店名 美容室 さくら
内容がすっかすかだよーやばいよこれー…
かっこいい広告作ってね！期待してるわよ〜！
美容室さくら
はい… がんばります…

まとめた原稿を持ち帰ると
あの…
ふむふむ
あとはこっちで進めるから大丈夫
これをこうして
はーい
↑制作さん
上司がいいように仕上げてくれた
まずい…私何もしていない
部長何か私にできることはないですか!?
じゃあえりたには雑務と校正※を任せるよ
今日は校了日※だし最後までいてもらおうかな
がんばれよ!
22:00
FAX取って!
はいっ
台割※チェックして!
??
デジタル検版※するよ
うつらうつら
校正早くやってー!
はいっ
24:00
弁当取ってきて!
はいっ
25:00
早く食べて!
もぐもぐ
26:00
26:30 終了
ぐったり….
毎週こんな遅くまで仕事してるんですか…?
あれ言ってなかったっけ?
大変だよね~
聞いてない
\(^o^)/

※校正…印刷物の文字や文章に誤りがないかチェックすること

※校了日…原稿の最終確認が終わり印刷に回す日のこと

※台割《だいわり》…どのページにどんな内容を入れるかを一覧にした設計図のようなもの

※デジタル検版《けんぱん》…印刷見本と印刷用データを照らし合わせ、データに不具合がないかチェックすること

そして求人誌発行日――
求人誌できましたぁー!
求人エース
アルバイト特集
私が担当した広告が載ってます!
スタイリスト
スタイリスト募集
美容室さくら 000-00-0000
発行日の翌日
店長!反響ありましたか!?
んー?まだないねぇ~
発行日の翌々日
店長…どうですか…?
あれ?そういや反響ないわねぇ…
1週間後――
ずみません…これ週刊誌なので掲載終了です…
求人エース
えっ1週間早っ!!てか反響ないんだけど!?
なぜ?

え〜〜〜？
なんで応募
来ないの？
ちゃんと配布
されてるよね？
人気ない？
中小企業の
求人誌だから
誰も手に取って
くれないのでは…
求人エース？
しょぼいな〜
大手のほうがいいな！
田舎だから？
もしくは
経験5年以上かつ
転職希望の
美容師さんは
この地域に
存在しないのでは…
それとも
未熟な私が
営業担当したのが
悪かったのか…
はぁ〜あ
求人広告で
反響を出す難しさを
実感しました…

アター!!

DATE . .

新人あるある

社員の顔と名前が一致しない

社員の名前が覚えられません
なんせ社内には何十人もの社員やスタッフがいるもので…
名簿
制作部の大川さんにこの書類渡しておいてくれる？
はは　はい！
大川さん…たしかメガネしておしゃれな髪型であごヒゲ生えてて…
こんな感じだったよね…
ぼゃゃ〜ん
みんな同じ顔に見える…！
大川さんどれ？
なぜデザイナーはあごヒゲメガネが多いのか…

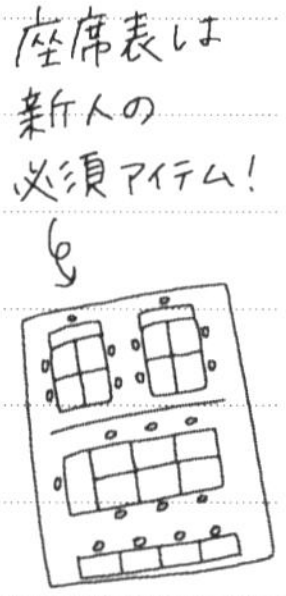
座席表は新人の必須アイテム！

おーかわさーん!?

ボクが大川だよ！
あごヒゲメガネ無造作ヘア…と

新人あるある 社名が聞き取れません…

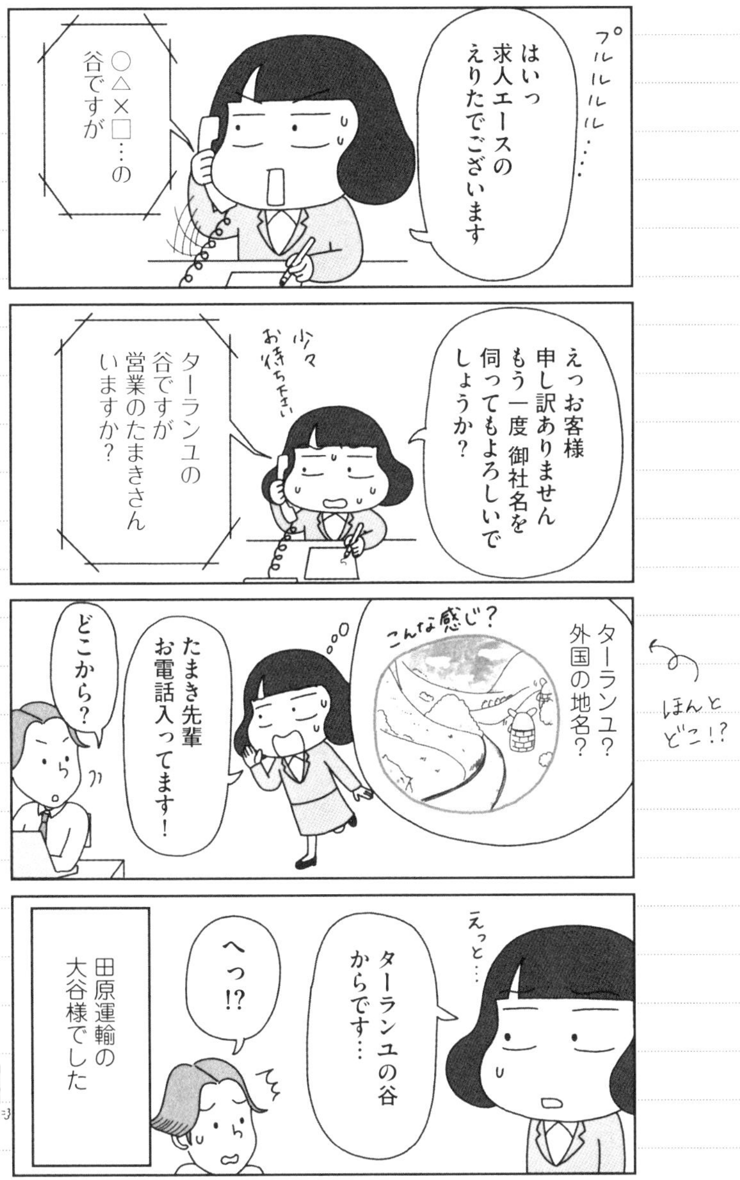
プルルルル…
はいっ 求人エースの えりたでございます
○△×□…の 谷ですが
えっお客様 申し訳ありません もう一度 御社名を 伺ってもよろしいでしょうか?
少々お待ちください
ターランユの 谷ですが 営業のたまきさん いますか?
ターランユ? 外国の地名?
こんな感じ?
たまき先輩 お電話入ってます!
どこから?
ほんと どこ!?
えっと…
ターランユの谷 からです…
へっ!?
田原運輸の 大谷様でした

たはら
うんゆ

新人あるある

ギリギリ出社はだめなの？

おはようございまーす！
チャッ
8:59
おいおい…始業時間1分前に出社するんじゃない
え？始業時間に間に合ってるのにだめなんですか？
出社が早いと心に余裕ができる
心に余裕ができると焦らなくなる
焦らなくなるとミスを防げる
社会人の基本だ
明日から、10分前に来なさい
翌朝——
おはようございます今日は30分前に出社しました！
ドヤァッ
会社で朝メシ食うなー!!

ちこくする～!!

心に余裕を

新人あるある

うっかりタメ口 気をつけて!

だからこれがこうなるでしょ?
うんうん うーん…
今「うん」ってあいづちされた…?
俺上司だけど…
注意すべき…?
今のは考え込む「うーん」に近いからギリギリセーフだよ! 新人さんに細かすぎ!
いやいや… 新人だからこそビシッと指導しろ! 上司にフランクすぎだろ!!
ゆれる指導方針…
うーん そうなんだぁ~!
わなわな
完ぺきアウト!

新人あるある

ご苦労様です！

部長
ご苦労様です！
こらこら…
目上の人に「ご苦労様」を使っちゃだめだぞ
目上の人には「お疲れ様です」と言いなさい
えっ！「ご苦労様」はだめなんですか？なんでですか？
そう言われるとうまく説明できないが…
とっとにかくそういうものなの！
うーん…
ぬっ…
諸説あって最近は「お疲れ様」も目上の人に失礼になるとか
辞書
ええ…じゃあどんなあいさつならいいの？
お世話様です？お疲れ様でございます？
うーん…
なんかすみません…
日本語って難しい…!!

DATE

新人あるある
DMには一言メッセージ

DMを送るときは封筒の裏に一言メッセージを書くと開けてもらいやすくなるよ♪
こんな感じ!
拡大
お得なキャンペーンのご案内です
なるほど…! 先輩ありがとうございます!
先パイ優しい…!!
数分後――
書けたかな?
そ〜っ
ひえっ…
うさんくさいメッセージ
書きすぎ
ファンシーなボールペン
はじめまして! えいたです! このDMを手にしたあなたはラッキーです! 求人広告のお得な情報をコッソリお教えします!!
ファンシーなボールペンたち
この新人先が思いやられるわぁ〜
満足気

DATE　・　・

新人あるある

同行時のふるまい

部長の営業に同行させてもらえることになった
本日新人と同行しておりまして…
よろしくお願いいたします
はーい よろしく
有効求人倍率の前年同月対比は～…
おおお…さすが部長の商談はすごいな…
数十分後——
最近は非正規雇用の割合がうんぬん～
私何してればいいんだ?
ではこちらが発注書になります
新人よメモをとれ
カチーン…ン
ふるまいがわからず石化した

新人あるある

高速道路で迷走

高速道路を利用して遠方での打ち合わせへ
教習所以来の高速道路だよ緊張する…
高速道路MAP
慌てないためにも早めに出発!
ブウ〜ン
求人エース
しかし…
ええっまた分岐!? これはどっちだ?
あっち Acchi
こっち Kocchi
道に迷い高速バスを頼りに目的地へ向かった
あなたについてゆきます!
○×駅
高速バス
0123

カーナビがほしい!!

営業女子のお悩み えりたにQ&A

Q 新入社員のときに心がけていたことは何？

A 明るく気持ちを込めたあいさつ！

おはようございます！
相手の目をしっかり見ながら！

あいさつは社会人の基本ですので、たとえ相手があいさつをしてこなくても自分から率先してあいさつをしました。上司や先輩への印象はグンとよくなると思います。

準備はバッチリ！

A とにかく時間厳守！

時間ぎりぎりに出社して上司に怒られてからは、10分前には席に着き、その日の仕事の準備をするようになりました。その他、書類提出を締切日時より早めにする、待ち合わせ時間の15分前に到着するなど時間に余裕を持たせて心に余裕を持つようにしました。

A メモを取る！

仕事内容や社内ルール、気づいたことなど、新入社員は覚えることがたくさんありますので、忘れないように必ずメモを取りました。メモを取っていると先輩も熱心に教えてくださっていたような気がします。

メモ帳はポケットサイズで常に持ち歩き！

A 質問しよう！

先パイッ質問していいですか!?
はーい♪

新入社員はわからないことが多くて当然です。はじめての業務、たくさんの業務のなかで出てくるわからないことは、そのつど質問するクセをつけました。質問の少ない新入社員は先輩側から見ても内容を把握しているのか不安ですし、わからないままにしておくと後々周囲に迷惑をかけてしまうこともありますからね…。

第2章 働くって大変ー!

第1話 ドタバタ飛び込み!?

今日から本格的な営業活動…!
早速このへんの会社に飛び込み営業するぞ!
ここんにちは求人エースのえりたと申します
本日は求人広告のご案内に…
カチコチ
事務員さん↓
は?うちの会社募集してないよ?なんで来たの?
えーと
このへんの会社を1件ずつ飛び込み営業しようかと…
あはっはは…
はあぁあぁぁ!?
バンッ
あんた新人?そんなやり方してたら日が暮れちまうよ!
求人募集してる会社にあたるのよ!
あたしゃ元求人広告営業なんだよっ
ひぃぃぃ〜
元営業職のお客様でした…

社員募集
(委細面談)
鈑金・塗装工場
求人募集してる会社かぁ…
あ! 社員募集の看板出てる!
こんにちは
求人エースのえりたと申します
求人広告のご案内に参りました
あぁ? うちは募集してねーぞ!
かえれ かえれ!
え でも外に社員募集の看板が…
ああ~あれは年中貼りっぱなしだ
そういやあれで応募来たことないなぁ!
ガハハハ
このあたりで求人募集している会社知りませんか?
は…?
営業先の見つけ方がいまいちわかりません

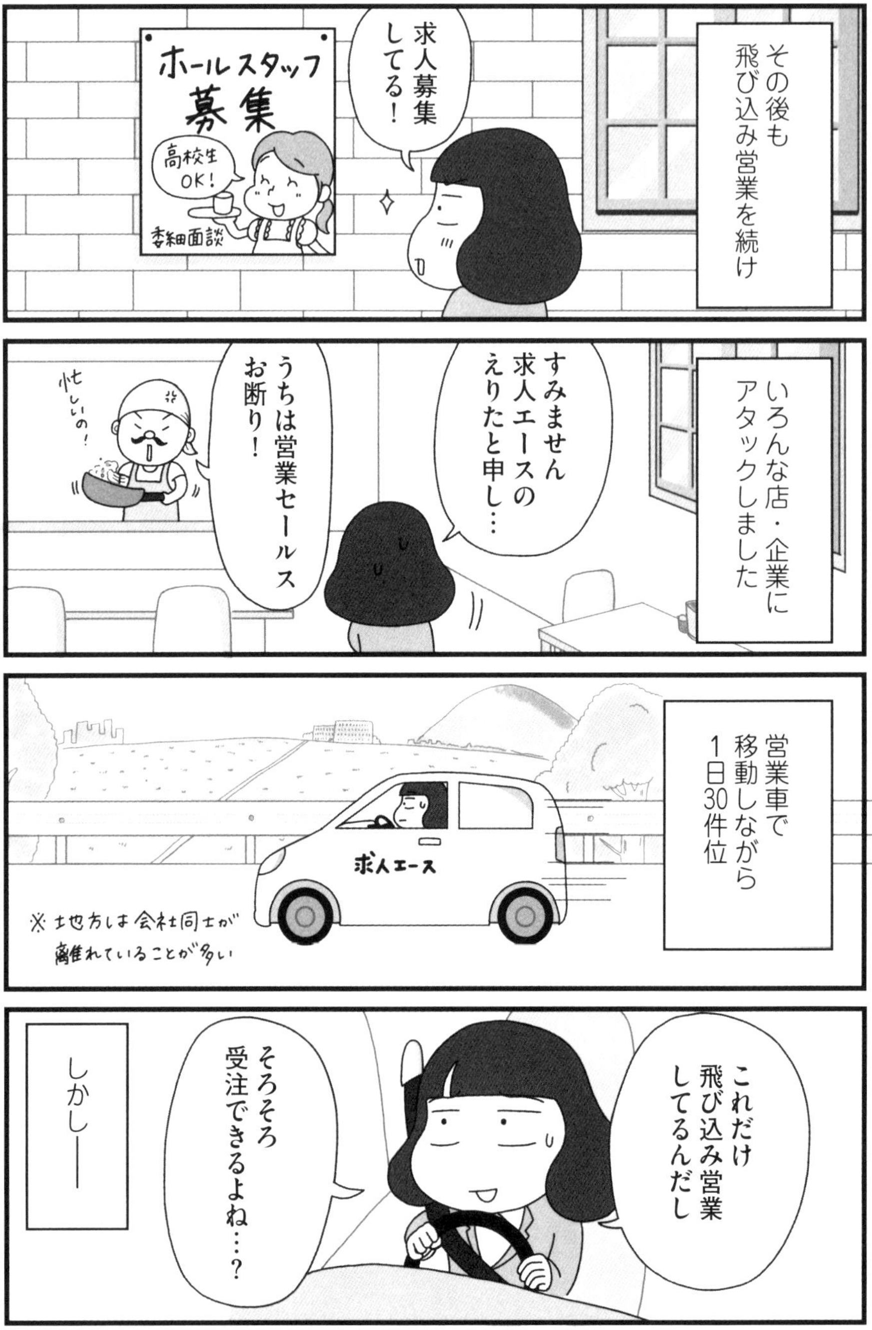
その後も飛び込み営業を続け
求人募集してる！
ホールスタッフ
募集
高校生OK！
委細面談
いろんな店・企業にアタックしました
すみません求人エースのえりたと申し…
うちは営業セールスお断り！
忙しいの！
営業車で移動しながら1日30件位
求人エース
※地方は会社同士が離れていることが多い
これだけ飛び込み営業してるんだし
そろそろ受注できるよね…？
しかし――

毎日毎日
お忙しいところ恐れ入ります！
営業？うん 忙しいから帰って
めげずに飛び込み営業をしても
現在 求人エースではお得なキャンペーンを行っておりまして…
う～ん…
そうねぇ～うちは今のところ大丈夫ですね～
FRONT
あ～～～今ちょっと忙しいから！
そこに資料置いてって！
はは いっ
どこにもまったく相手にされず
ぜんっぜん受注できないんですけど!?
やばくない？

新聞販売店――
新聞1カ月でいいから購読してよ～
ははい！かしこまりました！
生命保険会社――
社会人になられたのなら保険に入らないと！
そうですよね～では医療保険あたりを少々…
エステ店――
あらっ
あなた肌荒れひどいわよ？肌診断してあげる！
えいやあの…
ピーッ
営業どうだった？
戻りました～
えーと6万円分の基礎化粧品を買いました…
分割払いっス…
逆営業される始末…

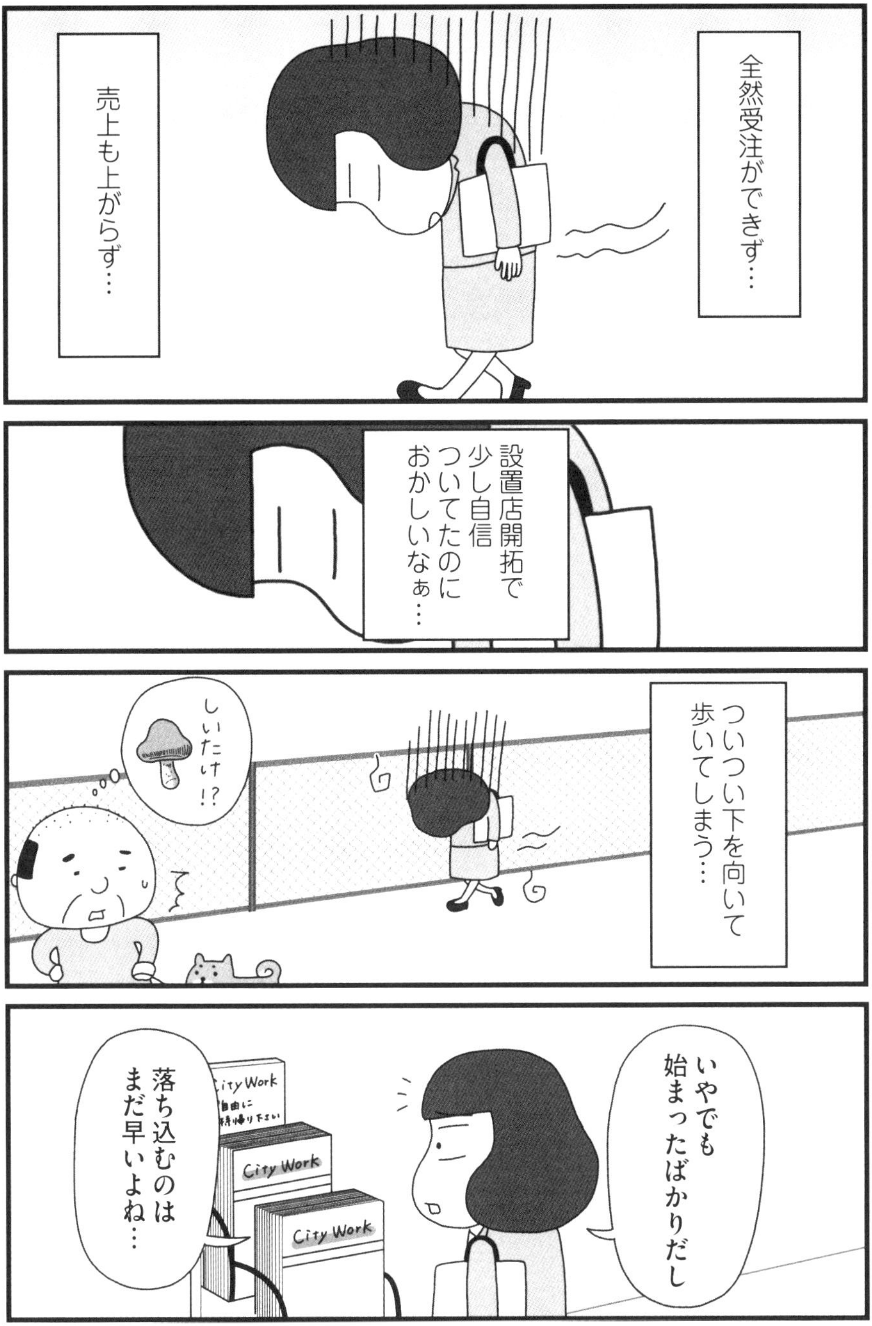
全然受注ができず…
売上も上がらず…
設置店開拓で少し自信ついてたのにおかしいなぁ…
ついつい下を向いて歩いてしまう…
しいたけ!?
いやでも始まったばかりだし
落ち込むのはまだ早いよね…
City Work
City Work
City Work

おつかれー
ダダダダダ
主任!「シティワーク」に載ってる会社に営業かけてもいいですか!?
City Work
ライバル社の求人誌
あーー……
俺らが担当してるお客も載ってるんだよね
印つけてあげるからちょっと待ってて
はいっ ありがとうございます!
ここは俺担当してる〜
ここはもう少しで受注できるかな……
ここは私担当です〜
ドキドキドキドキ
おまたせ 印ついてないとこなら営業かけてもいいぞ!
工場スタッフ急募
ホールスタッフ募集
内職募集
事務員1名募集
新聞配達
居酒屋ホールスタッフ
〈拡大〉
ほとんどバツ印ついてるし…! 新人がアタックできる会社少なすぎでしょ…
トホホ

第2話　お客様に死ねよと言われた話

よし！「シティワーク」に載ってた居酒屋に営業かけてみよう！
〈拡大〉
ア ホールスタッフ
1日2h・週3日～OK!
資格/高校生以上
時給/800円～
時間/11:00～15:00
17:00～LAST
応募/まずは電話下さい
居酒屋パオパオ
☎00-0000-0000
15:00
今日のランチ
Aランチ
ランチ終わったばかりだし後片づけで忙しそう…
ぐごぉ
ぐごぉ
16:00
う～ん
休憩中に営業かけるの申し訳ないよね…
17:00
求人エースの…
あ!?
もう夜の営業始まるんだけど帰って!?

すす
すみません！
でも当社の
求人誌
資料だけでも
受け取ってください！
お願いします！
……
……
あ〜〜
怖かった〜〜
飲食店は
営業かける
タイミングが
難しいなぁ
まぁ
ダメだろうな
ははは……
その日の夜──
プルルルルルル……
あー
居酒屋パオパオです
求人広告出します
えええ!?
コワモテの
お客様でも
何が起きるか
わからない

ありがとうございます では明日 打ち合わせに…
あっ 来なくていいよ
「シティワーク」と 同じ内容で サイズはいちばん 小さいやつで 1週間掲載ね じゃあ よろしく
えっ はは い…
不安だったが 上司には特に 相談もせず
受注したの？ 良かったねー
グッジョブ！
はい…
「シティワーク」の 内容のとおりに 原稿作成し…
小さいサイズの原稿は 営業が作成する
City Work

お店のことをよく知らないまま掲載となりました
できたど——っ
求人エース
正社員特集
不穏なオーラ…
掲載終了後——
パオパオ様広告の反響どうだったかなぁ
1週間経ったし聞きに行かないと…
居酒屋パオパオ
準備中
気が重い
そろり…
こ こんにちは求人エースです…

どうもエースさん
応募ゼロだよ
ギロ
えっ…あ…
こういうときなんて言えばいいの!?
一生懸命なアンタを信用して広告出したのによ応募全然こねーし
死ねよ
・・・・・・。
どうしたかというと
くるっ…
無言で逃げた
ぴゅーっ

人に死ねと
言われたのは
初めてで
でも
それよりも
「信用してたのに」
という言葉に
グサリと心が
痛みました
ごしごし
戻りましたー…
おつかれ
私なんかに
営業は
向いてない…

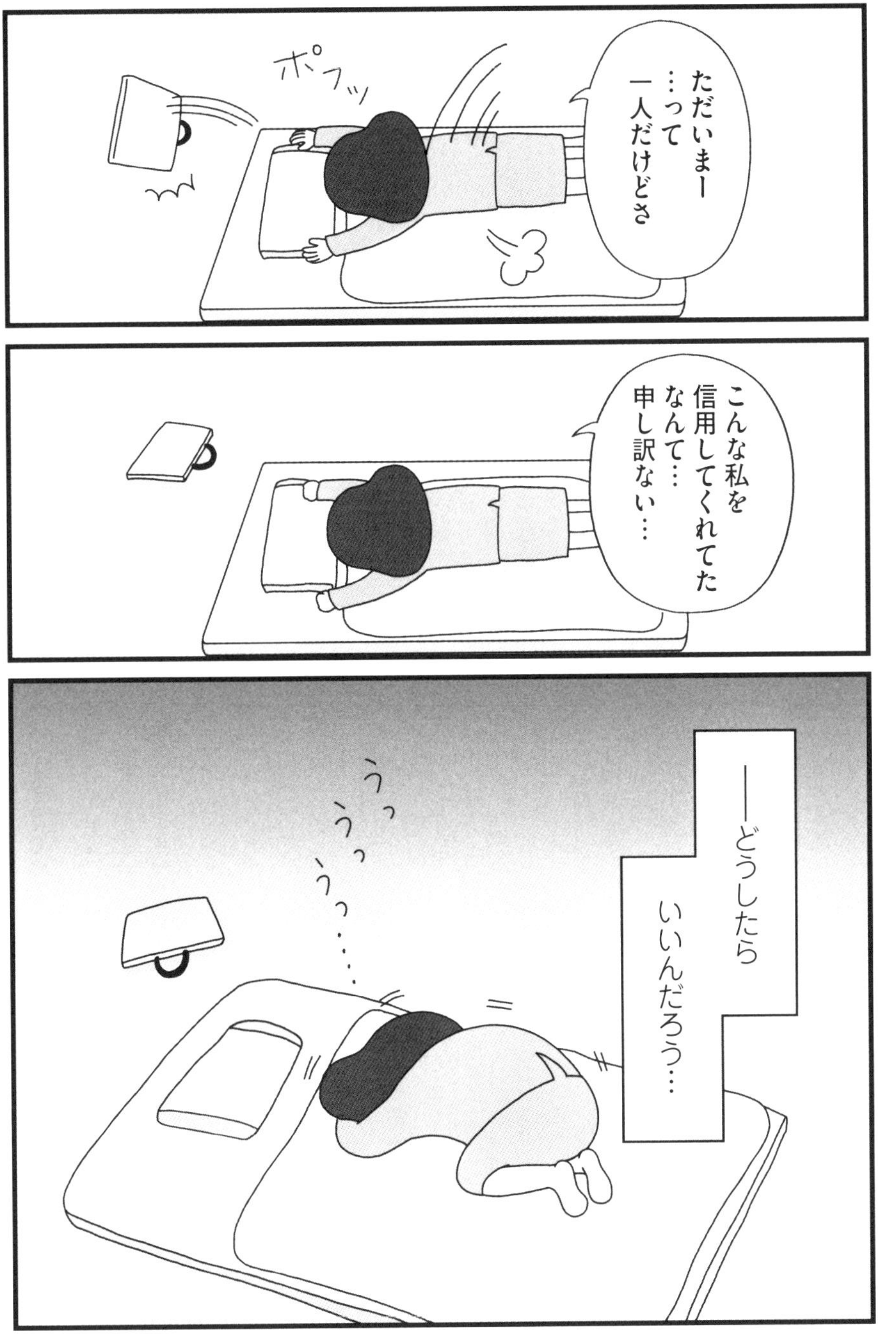
ポフッ
ただいまー
…って
一人だけどさ
こんな私を
信用してくれてた
なんて…
申し訳ない…
——どうしたら
いいんだろう…
うっ
うっ
うっ……

翌朝――
おはよう
どうした？
あっ主任…
実は広告の反響がなくてお客様に怒られまして…
でも内容の何が良くなかったのかわからないんです
そういうときは何が良くないのか社内の先輩に聞いてみなさい
求人広告の内容を社内の先輩に聞いてまわると
深夜時給は？まかないある？
えりたなら何が決め手で応募する？
な…なるほど！
部署にかかわらず意見をもらえました
お店の写真とかあると安心できるかな～
経理
おぉ～たしかにそうですね！

先輩方のノウハウはさすがでした
もっと早く相談すれば良かった…
アドバイスを反映させた原稿を作ってみると
おぉおぉっ
作り直したら見違えるほど良くなった！
この内容でもう一度広告を提案してみよう
だって採用できなかったら困るのはお客様じゃん!!
このとき初めてお客様の立場に立って考えねば！と自覚したのです

ハッ
プルルルルルッ
プルルルルルッ
パオパオの店長だ!!
よぉ…
生きてるか?
生きてますし
これから
行きます!!
それから急いで
お客様のもとへ向かい
ダダダダダ
待ってろー!!
うりゃうりゃうりゃーー!!

誠心誠意謝って
お客様!!
先日は逃げ帰ってしまい申し訳ありませんでした!
弊社のスタッフと話し合いまして改善した原稿を持って参りました!
地域の平均時給もまとめてきました!
やはりお客様のお話をしっかり伺わないと
求職者に伝わる求人広告が作れません!
一度お話を伺う時間をいただけないでしょうか!!
アンタの情熱には負けたよ奥で打ち合わせしようか
もう一度チャンスをもらえました

求人広告の内容をまとめて
シニア層ももちろんオッケーだしょ・・・
かれこれ1時間
昔は募集かけるとすぐ集まったのに最近はめっきりだなー
あとさ俺の見た目って怖い？
えーと・・・
再度掲載してもらえることに！
サイズは前回の2倍！
ホールスタッフ
飲食店未経験者も大歓迎！
シニア歓迎！
高校生歓迎！
主婦（夫）歓迎！
居酒屋パオパオ
その結果…なななんと！合計3名のスタッフを採用することができたのです！
えりた！ありがとな！
よかった・・・

第3話　あたりまえの　報・連・相

主任 アドバイスくださり ありがとう ございました
スタッフ採用が できて お客様 とても喜んでました
そうか
はじめに 広告を載せるとき 「シティワーク」と 同じ内容でいいのか 相談して ほしかったたな
申し訳ありません…
えりた 仕事をするうえで 「報《ホウ》・連《レン》・相《ソウ》」は 基本なんだぞ
「報告・連絡・相談」 ですよね？
知ってますけど…
知ってるのに やらないのは 知らないのと 一緒！
この機会に しっかり覚えて 行動に移すこと！
わかった？
はいっ

報告とは…上司からの指示や命令に対して部下が経過や結果を知らせること
部長 今回の商談受注につながりそうです！
そうか 最後まで気をぬくなよ！
連絡とは…簡単な情報を関係者に知らせること
明日の午前中に電気工事の方がいらっしゃいます〜
ほほう…
相談とは…判断に迷うときや意見を聞きたいときなどに上司や先輩、同僚からアドバイスをもらうこと
ご相談がありまして…少しよろしいですか？
大丈夫だよどうした？
う〜ん…
この「報・連・相」がない職場はスタッフ同士の意思疎通がうまくいかない
仕事の効率が悪くなりその結果トラブルを引き起こす可能性がある
会社の業績をも揺るがすことになるのだよ…
ひえええ〜っ

でも…上司が忙しいときにどのタイミングで「報・連・相」すればいいかわかりません
そう「報・連・相」って簡単そうで結構難しいんだよ
なのでえりたには「報・連・相」のルールを決めてみた
報 毎日18時になったら仕事の進捗を報告すること
連 情報を入手したらすぐに連絡すること
相 何か困ったらすぐに相談すること
うーん…
この「相談」がいちばん難しいです…
新人は仕事ができなくて当たり前 上司に相談することが最も大事な仕事だ
そして上司は部下の悩みを解決することも仕事だ
お互い大事な仕事なんだから ちゃんとやろうな「報・連・相」
はい！
「報・連・相」ができてこそ社会人の仲間入り！

DATE　・　・

新人営業あるある

打ち合わせはメモを取ろう！

新規客からの問い合わせがあり打ち合わせへ
よろしくお願いいたします！
よろしく～
しっかりお客様の話を聞いてメモを取るのよ！
先パイ
そうだメモ取らなきゃ！
来月初旬オープン予定でして…
OPEN
一言一句聞き逃すまい！
なるほど！そうなんですね！
メ…メモ帳!?
MEMO CHOU
メモを取るときは手帳やノートを使うのが無難です
打ち合わせ内容を破きやがった…
ビッ!!

新人営業あるある

カンペで乗り切ろう!

広告枠ごとの価格を教えてください
あっ はい えーと… 料金表だしますね
君は自社の商品の価格も覚えてないのかね
申し訳ありません
後日——
A枠が2万5千円 B枠が3万3千円 C枠が4万5千円 となっております
ふむふむ
腕にカンニングをしてなんとか乗り切った
A枠 25,000円
B枠 33,000円
C枠 45,000円

なにーー!?

落ちない!??

DATE

新人営業あるある

上座・下座 問題 その1

商談で応接室へ…
ドアから遠いのが上座… ドアから近いのが下座…
かみざ しもざ 私はしもざ…?
すぐ担当者が参りますので奥の席におかけください
あっいや私はこちら(下座)で!
いえいえ奥(上座)へどうぞ!
上座でいいの? 担当者が入ってきて私が上座にいたら感じ悪くない…?
怒られるのでは…
営業のくせに勝手に上座に座りやがって!
悩んだ末にすべてを中間にして待機した…
立つと座るの中間
上座と下座の中間
お世話になります〜
!?

いやぁ〜まいった…

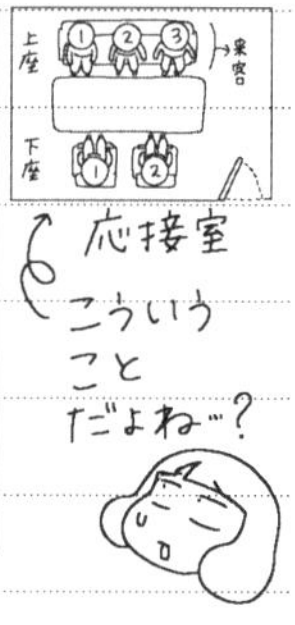

上座
下座
来客
応接室
こういうことだよね…?

新人営業あるある

上座・下座　問題　その2

上座《かみざ》or下座《しもざ》
上座・下座って毎回考えるの大変だよなー
もっとスマートにできるといいんだけど…
相手にとって私はお客さん側でもあるんだよな…
お世話になります!
営業マンは来客者にあたるのか問題
どうなの!?
下座に座ることで相手が恐縮することも…
あっ私は下座で大丈夫です!
ひぇ〜
さらに時と場合によって「その会社なりの上座」は異なるので…
①相手から勧められる席に座る
奥の席どうぞ〜
ありがとうございます!
②勧められない場合は入口に近い下座に座る
失礼します
このいずれかがベターかと!
注意
かべと窓の位置や部屋の装飾 窓からの眺め など…… 会社によって上座の位置は様々!!

DATE　・　・

新人営業あるある

油断大敵！名刺交換

名刺は顔の一部♪
よーし！商談がんばるぞ!!
ガチャッ
失礼いたしまーー
社長
す!?
今日は役職者がそろってるからみんなと名刺交換してくれるか？
5人
専務の藤田です
部長の村山です
次長の城田です
課長の小川です
主任の川井です
ズラ〜〜〜ッ
ギョエ〜〜〜〜!!
こういうときに限って適当な席順で座る皆さん
もう誰が誰だか…
えーと…
席順に名刺を並べるのがマナー
最も肩書きが高い人を名刺入れの上に乗せよう！

新人営業あるある

テレアポパニック

新人営業はテレアポが欠かせません
おお忙しいところ恐れ入りますっ
わたくし求人エースのえりた…
うちは必要ありません
ガチャン
しもしも～?!
しかし ほとんどのお客様にガチャ切りされ
は～あ…
もはや断られるために電話してるみたいだよ…
ごくまれに担当者と電話が繋がると
はい 私が人事担当です ご用件はなんでしょう?
!!
え…えーとですね上司に代わります
おい!
何を話していいかわからずパニックになります
トホホ…

営業女子のお悩み　えりたにQ&A

Q 飛び込み営業がつらいです コツなどありますか?

飲食業の場合

休憩で寝てる
お客様は
起こさないように…
むむ…
zzz

ランチ・ディナーの間に休憩がある店は
休憩時間内に、通し営業の店は来店客が
少なくなる15時～17時あたりを狙って
飛び込みをしていました。
ラーメン屋さんは何時に飛び込んでも
怒られていました…凹

医療・介護系の場合

一筆箋を
添えるとなお良し◎

施設規模にもよりますが、求人広告は
事務長が担当することが多いです。
事務長は現場に行ったり、会議に出たりと
多忙なので不在多し。
営業資料+名刺を事務スタッフに渡し、
のちほどテレアポをするのがベターです。

建築・土木・運送業の場合

当社の広告は
名刺サイズで
2万円ですっ!

本当に感覚的なことで申し訳ありませんが
長々とした営業トークはたいそう嫌われます。
なので「やすい・はやい・うまい!」と、一言で
アピールポイントを言い切るといいと思います。
また玄関口にゴルフセットがある場合、
社長がゴルフ好きの可能性が高いので、
ゴルフの時事ネタを持っていると話が弾むことも…!

サービス・販売業の場合

ええっ!?
うちの本社は
アメリカです!

①お店の名前をググる
②ホームページから本社所在地を見つける
③本社が遠方・他県の場合テレアポ
④近場の場合は本社へGO!
※ホームページがない場合はお店に
飛び込んで本社所在地を聞いてみましょう。

人材派遣業の場合

求人エース
人材派遣特集!

求人広告会社と人材派遣会社はお互いに必要不可欠な存在だと思います。
求人広告で確保した人材が人材派遣会社の運営に直結するからです。
費用対効果（かけた費用に対してどのくらい効果があるのか）や
採用単価など具体的にデータ化した提案資料を渡しましょう。
また、同業他社や製造業の動向にも注目されていますので、
他社の掲載広告にフセンをつけて、毎週求人誌を持参すると
喜ばれることもしばしばありました。

第3章 学ぶ、営業の極意!?

第1話　数字にこだわれ

上村主任が新人の教育係になりました
私は放任主義の部長と違ってビシバシ指導するからよろしく
主任はあらゆる業種の営業畑を渡り歩いてきた
テレアポ1日500件
おじぎは直角90°
いわば営業のスペシャリスト!
そんな主任の口癖は……
スチャ…
えりた数字にこだわれ
ひぇっ…
えりた完全ロックオン!
Level. 1

「数字にこだわる」ってどういうことかわかるか?
えーっと…売上を上げるってことですよね!?
もちろん売上もだが「売上を上げるための行動すべてを数値化する」ということだ
???
テレアポ件数
訪問回数
着座商談数
提案回数
受注までの期間
受注売上金額
回収率…
すべての行動を数値化することで自分の力量がわかり改善でき精度が上がる…
5
20
35
60
150
500
?????
えりた! 1日の着座商談件数5件
これを目標に行動を数値化せよ
ドーン!!
へっ!?

そのまえに…着座商談ってなんですか?
「しっかり座ってお客様と商談をする」ということだ
そのためにはお客様に「この営業マンになら自分の時間を割いて話を聞いてもいいかな」と思わせなきゃならん
まずはテレアポで効率よく見込み客を見つけなさい
はいこれテレアポリスト
リスト
えっ テレアポ? 飛び込み営業じゃなくてですか?
飛び込み営業で着座商談まで持ち込むのは難しい
頼んでもないのに勝手に訪問されるんだぞ
営業力がなければ煙たがられることのほうが多いんだ
今えりたがしている飛び込み営業は断られる耐性をつけるためにやっている
そうだったの!?
リスト

何件も何件も断られ続けて精神的に強くなってきただろ？次はテレアポに挑戦だ！
リスト
テレアポで着座商談に持ち込めるかなぁ
飛び込み営業のほうがてっとり早いような…
うーん・・・・
リスト
？
でも座って商談できないとこもありますよ？
たとえば立ち飲み居酒屋！椅子がないから座れないじゃないですかー
べ別に座れなくたって…
リスト
は？
へりくつ言うな！さっさとテレアポしろ！
リスト
はい〜〜〜っ！

私はテレアポが嫌いだ
なぜなら周囲の人が聞き耳を立てているような気がするからだ
この静けさ…緊張するよ
あっ…もしもし!?お世話になりもす!
ブーッ
あわわ すみません間違えました!
ガチャン!!
電話を切るな!
…着座商談までの道のりは長い!

その後もテレアポは
失敗の連続で
なかなかうまくいかず
だんだん
腕が
開いてしまう
しゃっ
しゃちょ
は今…
あ!ごしゅっちょーで!
しゃちょーが
ごしゅっちょーちゅー
でちゅね!?あっ
ブツッ!!
ツーツーツー
そんななか——
うちに求人広告の
営業電話がきたの
初めてだなぁ
お話聞いても
いいですよ?
えっ…
着座商談
はっ
ああの!
す座って話が
したいんですが!
はっはっはっ
わかりました
ではイスとお茶を
用意して
お待ちしております
あいやなんか
すみません…
そういう
ことじゃ
ない…

テレアポから6時間経過――
しゅ 主任… アポ9件とれました
ふら〜
おう じゃあ テレアポの詳細 教えて
えーっと ・電話したのが250件 ・座れるアポが1件 ・座れるかわからない アポが8件 ・担当者不在が170件 ・ガチャ切り71件です
ほんとに ガチャッと 切られるとは…
なるほど つまり…
とれたアポの2件に1件 着座商談できるとして 目標である着座商談の 1日5件を達成するには 1日10件のアポが必須！
現在 えりたは1/25の確率で アポがとれたとすると 毎日最低250件電話をする 時間の確保が必要なのだ 午後に商談に行くので あれば午前中のうちに 250件のテレアポをせよ 以上
主任が 呪文を となえてる…
フラリ
「数字にこだわる」 とはそういう ことだ
パンク寸前……！

それからテレアポに
苦しむ日々が続き…
それでうちの孫が
有名な大学に
合格しましてねー
医学部なんですよ
はっはっは
へぇ～
すごいですね
孫の自慢話
1時間以上
聞き続けてるよ
どうしよう…
毎週やってくる
校了日は深夜まで
先輩の仕事を手伝い
これも
よろしく
原稿
はいっ
RRRR
はいっ
求人エースです!
テレアポ
飛び込み営業
先輩の仕事の補助
その他雑用…
すべてが同時進行で
お忙しいところ
おそれ…あ!
ツーツーツー
お世話に
なります!
ワン
ワン!
!?
気力・体力
ともにゼロ…
ぐったり…

RR…

商談アポに行ってきます…
あ えりた ちょっと待って
今日から「商談ノート」で追っているお客の進捗状況を管理してくれ
商談ノート
といってもただの大学ノートだが
1社ごとに1ページ使うこと
左にお客様情報
右に進捗状況を書く
(株)AB商事
担当者
住所
TEL
FAX
メール
備考
3/1 10時TEL→担当者不在、名前聞きだせず
→3/2 再 TEL する
3/2 11時 TEL→今は必要ないとのこと、
資料郵送してと言われる
進捗状況の欄が増えるほど受注まで時間がかかっていることが一目でわかる
(株)AB商事
担当者
住所
TEL
FAX
メール
備考
3/1 10時TEL→担当者不在、名前聞きだせず
→3/2 再 TEL する
3/2 11時 TEL→今は必要ないとのこと、
資料郵送してと言われる
3/2 郵送
3/3 13時 TEL→担当者不在
3/4 17時 TEL→忙しいと怒られる
3/6 13時 TEL→資料見てくれたとのこと
→あいさつだけならOK→3/9 アポ

商談中は別のノートでお客が話す現状や要望を書き込んで
月の広告予算は5万円なんですよ 前回はシティワークに掲載しましてね…
ええ、ええ
商談後は必要な内容を商談ノートにまとめる
FAX 3/2 郵送
メール 3/3 13時 TEL→担当者不在
3/4 17時 TEL→忙しいと怒られる
備考 3/6 13時 TEL→資料見てくれたとのこと →あいさつだけならOK→3/9 アポ
TELするときは 11時頃がベスト
3/9 訪問→
月間予算決まっている(月5万円)
現在はシティワーク一本:反響5件位/回
主婦層の反響がもう少しほしい
担当者は夕方から忙しい
必要な情報・キーワードを整理!
AB商事様 3/9
月間5万→Cwork 反響5件 まずまず
A22サイズ web+
女性20% 男性80%
→20代女性 多い
主婦層もほしい
提案原稿 Bサイズ
週明けメール TEL 11:00がベスト
お客とのやり取りをまとめることで全体が把握でき次の一手を怠ることもなくなり急な引き継ぎにも対応できる
商談ノート
このノートは1冊40Pだから表裏合わせて80社は書けるな 2週間あれば余裕で書き終わるだろ それを毎日提出するように
じゃっ がんばって!
こいつ…鬼や!
商談ノート

第2話　ついにバタンキュー

商談もテレアポもなかなかうまくいかず
あっ！15時に電話する約束だった
お世話になります～
ビルとビルのすきまでテレアポ
商談ノートを提出してはダメ出しされて…
すみません…
アポ数少なくない？B社のクロージングは？こんな安い見積もりOKだしてないけど？それとここは代理店が絡んでるからあたっちゃだめって言ったよね？それと…うんぬんかんぬん
毎日仕事は忙しいのに自分の売上はまったく上がらず
売上表
部長
主任
たまき
ひとみ
さわだ
ごとう
えりた
かしこまりました～
RRRRR
はい！
でんわ とって～!!
私は心身ともにボロボロになりある朝 体調を崩してしまいました
寒気がする…起きれない…

会社休むときはメール?電話したほうがいいの?
どーっしょう わからない…
プルルルルッ プルルルルッ…
あ…お母さん あのさ 会社休むときって メールでもいいの? 電話したほうがいいの?
あんた そんなことも知らないの?
※できるだけ自分の出社時間前に電話すること! 内容は簡潔に! ❶謝罪・配慮する ❷休む理由 ❸お伺いをたてる
「申し訳ありませんが熱があるので休んでもよろしいでしょうか」わかった?
はい…
※急病・急用の場合は後連絡でもいいので出社時間が過ぎても連絡すること
部長 おはようございます 申し訳ありませんが 熱がありまして… はい…すみません 今日はお休みしても よろしいでしょうか
無事に欠勤報告できました

すると
隣町にある実家から
母が来てくれました
この空っぽの
冷蔵庫と
ゴミ箱にある
大量の串は何!?
カラッ
う〜
う〜
毎晩 仕事帰りに
焼き鳥買って
それを晩ごはんに
してまして…
やきとり
1本
100円
おじちゃん…
ふたっつ…
そんな食生活じゃ
倒れるのも
無理ないわ
念のため
近くの病院へ
連れて行ってもらい
病院
キキーッ
めまいが酷かったので
めまい止めの
点滴を打つことに
強いストレスや
生活習慣の乱れが
原因でしょうね
仕事忙しいの?

やっぱりあんたに営業は向いてないんじゃない？仕事辞めたら？
……
営業ってペラペラしゃべれる人の仕事でしょ？あんたは押しは弱いし要領も悪いし間が悪いし顔が丸いし…苦労すると思ったのよね～
顔丸いのは関係なくない!?
じゃあ…お母さん帰るね作り置きご飯とレトルト食品冷蔵庫に入ってるから
じゃあね
うん ありがとー
もう子供じゃないのになぁ…
とはいえ久々に母の優しさに触れ点滴も打ったおかげで少し楽になりました
久々の母の味…おいひい
冷蔵庫みっちり!

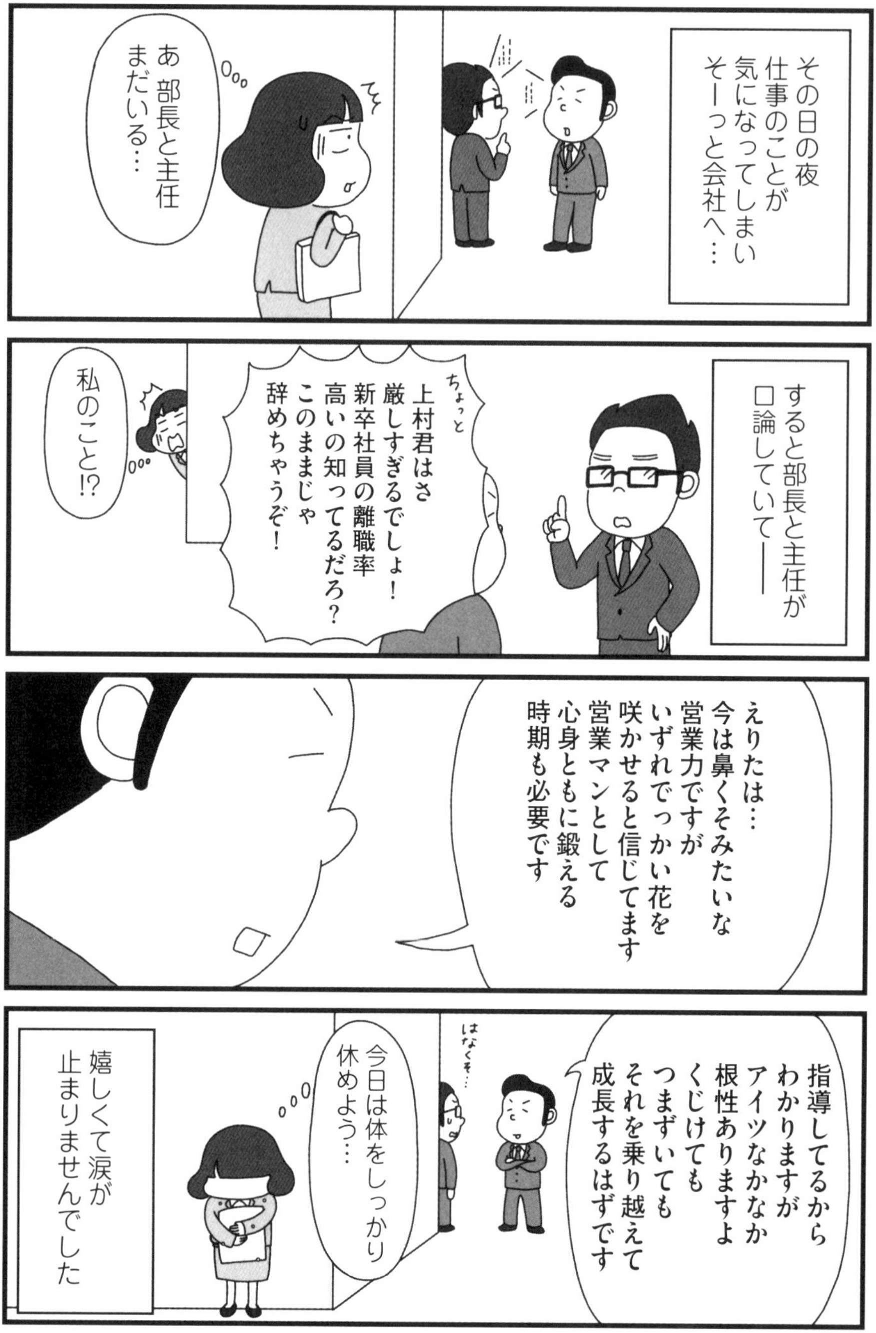
その日の夜 仕事のことが 気になってしまい そーっと会社へ…
あ 部長と主任 まだいる…
すると部長と主任が 口論していて――
ちょっと 上村君はさ 厳しすぎるでしょ! 新卒社員の離職率 高いの知ってるだろ? このままじゃ 辞めちゃうぞ!
私のこと!?
えりたは… 今は鼻くそみたいな 営業力ですが いずれでっかい花を 咲かせると信じてます 営業マンとして 心身ともに鍛える 時期も必要です
指導してるから わかりますが アイツなかなか 根性ありますよ くじけても つまずいても それを乗り越えて 成長するはずです
はなくそ…
今日は体をしっかり 休めよう…
嬉しくて涙が 止まりませんでした

第3話 期待に応えたい

主任の想いに後押しされ仕事の進め方を積極的に聞きまわり
うまくいかなくて…
先輩テレアポのコツを教えていただけませんか?
テレアポは台本を作るといいよ! 私は先輩からもらった台本をアレンジして使ってるよー
なるほどこれがテレアポの基本的な流れか…
テレアポ台本
この台本に断られたときの切り返しトークを追加してアレンジしてみよう!
こう言われたらこう切り返して…
すごい台本の数だね…
主任のダメ出しを振り返りながら商談ノートにも自分なりのアレンジを加えました
お客様の似顔絵も描いておこう…

数週間後――
さようでございますか このような状況ですから ごもっともだと思います
よろしければ 私どもの持つ人材採用のノウハウや情報提供だけでもさせていただけませんか
さらに数週間後――
お世話になっております 私 人材採用のお手伝いをしている 求人エースのえりたと申します 恐れ入りますが 社長様はいらっしゃいますでしょうか
カタカタカタ…
はぁ… また営業電話か どういったご用件ですか
キラーン
ありがとうございます 弊社は地域密着型の求人情報誌を発行しております 御社のご負担にならない形で人材採用につながるご提案をさせていただいております
恐れ入りますが 社長様におつなぎいただけますでしょうか

失敗と反省点から何がいけなかったのかを理解し取り組むことで
ちょっと要領つかんできたかも!?
またアポとれました!
やるじゃん
徐々にテレアポでは臨機応変に対応していけるようになりました
商談ノート vol.20
商談ノートは顧客が増えれば増えるほど営業活動に欠かせない武器となり
顧客管理
目標管理
受注までのプロセス
気づき
アイディア
冊数が増えるとガムテープで固定し全部持ち歩き
行ってきまーす!
えりたっ
なにあれ!?
周囲からはその姿を笑われていましたが私にとってはお守りのようでした

調子どうだ？
数字に
こだわってるか？
はい！
行動を数値化することで
ムダな部分が
見直せましたし
コツがつかめてきました
これなら営業の
スペシャリストに
なる日も近いかと！
スチャッ
スペシャリストって
いうのはな
うまくいかないときに
しっかり立ち止まって
見直し 周囲に
頼られる人をさす
…それと
体を大切にな
休むときは
しっかり休めよ
スチャ
体が資本だぞ
スキルアップの方法は
人それぞれですが
はいっ
Level.10
私は期待されることが
いちばん成長に
つながったと思います

noutenki
okappa
keijyou
kioku
omamori
simple

日を追うごとに売上が少しずつ上がり成果が出てきた頃
今キャンペーンでお得ですよ！
サマーキャンペーン！
へぇ〜じゃあお願いしようかな
売上目標の達成にも意識がいくように…
えりた 今週号 目標 500,000円
あと1万円で売上目標達成だ…！
お世話になっております！
お客様 次回の掲載 当社でいかがですか？ 必ずやお役に立てるかと…
しばらく様子見ると先日も電話で言いましたよね？ 何度もしつこいですよ
すすみません…！

私がお客様の立場だったらこんな営業マン絶対嫌だようるさい営業だと思われただろうな…
はぁぁぁ…
えりた主任の電話でのやりとりをよーく聞いてごらん
シャーーッ
えっ
お客様 今週号で広告掲載をしてホールスタッフの充足ができれば今度の大型連休にも備えることができると思うのですがいかがでしょうか?
たしかにそうだねぇ…じゃあ今週号でお願いするよ
すごい…私の営業と何が違うんでしょうか?
えりたは「しつこい営業」主任は「熱心な営業」この違いわかる?

しつこい営業マン
相手のためと思いつつ自分の売上のために行動
相手のことを理解しようとしない
どうですか!? 買いませんか!?
目が¥マーク
ガンガンプッシュすればどうにかなると思っている
イラッ
熱心な営業マン
お客様が欲する情報を適切に提供
そうなんですね それでしたらこういったプランではいかがでしょう?
相手のために何ができるかを常に考えている
相手の話をしっかり聞く姿勢がある
相手をしっかり見ている
それならうちにピッタリかも!
売ることが「自分のため」なのか「相手のため」なのか言動ひとつにしてもお客様の受け取り方は大きく変わるよ
なるほど〜…

上村主任は我が社のなかでもお手本のような営業マンだからじっくり観察してみようか!
はい!
上村主任を観察してみよう!
挨拶
社長おはようございます!
腹から声を出している!
雑談
いつもおいしいコーヒーをありがとう!
いえいえ〜
いやみなくほめるスキル!
服装
シワひとつないスーツ!
派手すぎないネクタイ!
靴もピカピカ!
報連相
相談
連絡
報告
周囲と密なコミュニケーション!
おお〜!!
基本が大事だよネ♪
部長!商談の様子も観察しに行きましょう!
はいよー

はじめまして求人エースの上村と申します
第一印象ですでに任せて大丈夫そうなオーラ!
ヒアリング
お客様の話を徹底的に聞いて相手の課題を探っている!
ええ ええ
当社は今こういった状況でして…
提案
そしてお客様のニーズに合った提案だから売りつけてる感が一切ない!
そういったご状況でしたらAプランかBプランで広告を出すのが効果的だと思います
へぇ…
クロージング
さらにお客様が契約する決断ができるようにさりげなく気持ちの後押しをしている!
AプランとBプランでしたらどちらがよろしいでしょうか?
そうですね～Aでお願いしようかしら

私は「お客様のために」と思いつつも実際のところは全然うまくできていなかったです
あーでこーであーでこーで！
商談中は沈黙が怖くて焦って一方的に話してしまうことも…
お客様の話に耳を傾けることが信頼関係を築く第一歩なんですね
来月からどうしようと思っていたので助かります！
いい人材が採用できるようしっかりサポートいたします
えりただって自分のことをよく理解してくれる営業マンから商品を買いたいだろ？
熱心な営業は常にお客様主体の考え方なんだよだから売れる
上司や先輩のいいところをどんどん真似て自分のものにすることが仕事で成功する秘訣だよ
あと主任だけじゃなくて僕のいいところも真似してね〜
はい！

その日の夜――
主任すごかったなぁ お客様のために行動していることが しっかり会社の利益にもなってるし…
私 営業の仕事に慣れてきて油断してたかも
いかん いかん……
それに主任もすごいけど…部長って部下のことよく見てるなぁ
大丈夫?
おっ それいいねー
私も周囲を見渡して上司や先輩から吸収していかないとな
まずは先輩のよいところを真似することから始めよう!
そして自分なりの営業スタイルを見つけるぞ!

えへへ…
むにゃむにゃ
えりたさんのおかげで
助かったよ〜
熱心な
営業さん
だね！

第5話 プロ集金への道

営業にとって
重要な仕事
それは…集金
ドキドキ
6F
5F H2O
4F 夢幻
3F 寿
2F 来香
1F
スナック 夢幻
たとえ広告の反響が
悪くてもお金を
いただかねばならない
集金に伺いました…
……あ？
領収書はふらふら
おろろろ…
ふらふら
イラ
イラ
おつりであたふた
あれ？
10円玉がない…
遅い！
しかも筆圧弱くて
複写されて
ないんだけど!?
しっかりしてよ！
すみません
書き直します！
領収書
もっとスマートに
集金したい…

集金は直接会ってお金のやり取りするから苦手なんだよなー
ほとんどは振込だけど反響がないところに限って集金だったりするんだよね…
お金を回収するまでが営業マンの仕事なのはわかってるんだけどね
入金処理お願いします!
はーい おあずかりしますね〜
経理
集金って緊張するしもたもたしちゃうしなんかもっといい方法ないのかな
部長や主任はどうしてるんだろう?
あっ!
そういや職場に集金のプロがいるじゃないか!
「集金のタマ」こと
たまき先輩
会社に帰ったら聞いてみよう!

集金のプロフェッショナル
たまき先輩に
極意を聞いてみると
集金業務が
どうも苦手でして…
もっとスマートに
やりたいんです
ほう……
まず集金の際は
9999円
持っていくこと
えっ!?
なぜ?
どんなおつりでも
対応できるから
慌てずに済むでしょ
お釣りが
5,961円でも
3,488円でも…
あ…! たしかに
そうですね…
それと現金を
預かるわけだから
丈夫なカバンのほうが
お客様に安心感を
与えるよ
セカンドバッグ
アタッシュケース
見た目の安心感
大事ですね!
かっこいい〜

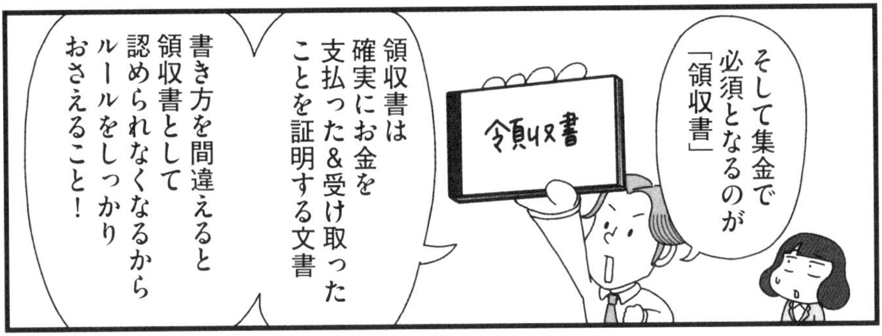
そして集金で必須となるのが「領収書」
領収書
領収書は確実にお金を支払った&受け取ったことを証明する文書
書き方を間違えると領収書として認められなくなるからルールをしっかりおさえること!

＜領収書の書き方＞

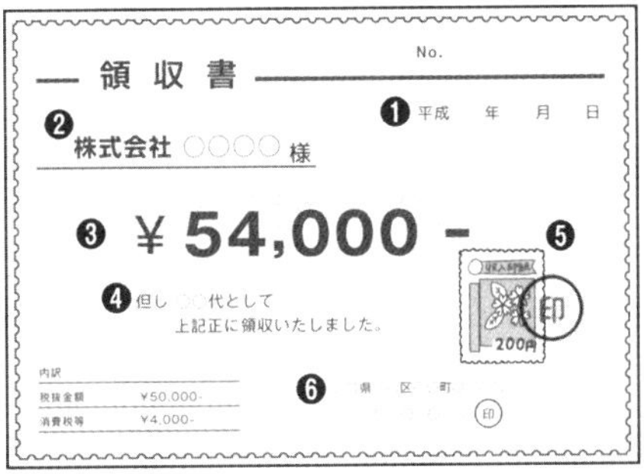
No.
— 領収書 —
❶ 平成 年 月 日
❷ 株式会社 ○○○○ 様
❸ ¥54,000 -
❹ 但し ○○ 代として
上記正に領収いたしました。
❺
200円
印
内訳
税抜金額 ¥50,000-
消費税等 ¥4,000-
❻ 県 区 町
印

❶ 領収書発行日付を書く

❷ 領収書を受け取る会社の正式名称を書く※（株）などの略した表記はNG

❸ 金額の記載は改ざんできないように以下の３パターンのいずれかを使用

¥○○○，○○○※
金○○○，○○○也
¥○○○，○○○−

❹ 但し書きは何に対する支払いなのかを明記すること

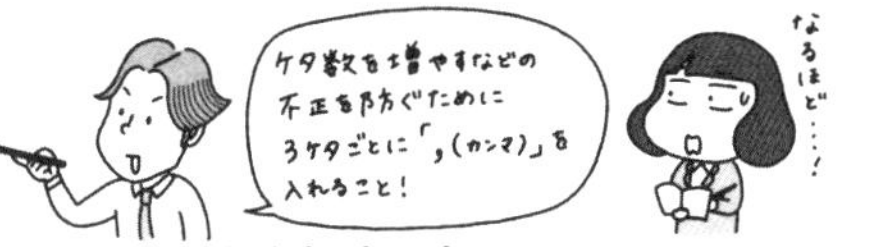
ケタ数を増やすなどの不正を防ぐために3ケタごとに「,(カンマ)」を入れること!
なるほど…!

❺ ５万円以上の領収書は収入印紙を貼り、割印を押すこと

なんで割印を押すんですか?
収入印紙の再利用を防ぐためだよ
収入印紙を貼るときのために水を含ませたスポンジも用意しておくと便利!

❻ 領収書を発行する側の住所と氏名を記入し、認印を押すこと

正しい知識とスピーディーな対応はお客様から喜ばれるし業務効率もよくなる普段から意識しよう
はい!!
色々教えていただきありがとうございますこれなら慌てず集金できそうです!

しかし翌日――
おつり9999円用意するの忘れた！これから集金なのに…
おつりどころか1万円札しかないよ…
おぃ!!
米
新米入荷しました
こういうときに限って近くにコンビニないし…あっ!! そこの米屋で1万円をくずそう！
米
新米入荷しました
ありがとうございました〜
急げ〜!!
5kg
なんでお米持ち歩いてるの？
はは…
米
5kg
集金のプロへの道は遠い…

集金の極意を教えてもらっても忘れたら元も子もないよね…事前にチェックしなきゃ
何をやってるんだ私は…
今後のためにも集金セットを再度チェック！
領収書
おつり 9,999円
収入印紙＋水スポンジ
厚めの下じき
認め印
電卓
そして集金日と指定時間もチェック！
集金日昨日の約束じゃなかった？
そんなはずは……
指定日時に集金できないと支払いが1カ月ずれこんで会社にとって大きな損害になることもあるから注意しないと！
チェックも万全だし次回の集金は完ぺき…なはず！
よしっ!!
集金を制する者は営業を制す!!

未払いの苦悩

私は待ち伏せを
していた…
もぐもぐ
牛乳＆あんぱん
音信不通になり
広告掲載料が
未払いのお客様が
いたからだ
来たっ！
お客様！
ズザッ!!
あ！やべっ
お支払いをー！
お願いしますー！！
ブァ〜
こんなお客様も
たまにいる…

ニャンて事だ！
あ…あああ…

お金にまつわるあるある

いつでも安心!

集金の際 お客様がお金を持ち合わせていないこともあるが…
あ ごめん 今お金持ってないや また明日来てくれる?
ガーン…
はい…
地味にヘコむ…
お世話になります 集金に伺いました
いつも来てもらって悪いね~
コンビニのオーナー様は…
えーと 今回はおいくらですか?
2万5千円です
目の前のレジから支払ってくださるのでとてもありがたい!(おつりの心配もなし)
はいじゃあちょうどね
ありがとうございます!

現金をきちんと数えてから領収書を渡すこと!

ひぃふぅみぃ…

お金にまつわるあるある

値引き交渉

求人広告を掲載したいんだけど価格がなぁ～
う～ん
¥17,500
ギリギリがんばってこちらの価格までお値引できますがいかがでしょうか？
値引き交渉苦手です…
17000円なら大丈夫なんだけど17500円だと無理なんだよちょっと事情が……17000円ならずっと掲載するから頼む！
わわかりましたでは17000円でやらせていただきます
しかし会社に戻ると主任にめちゃくちゃ怒られた
は？
原価割ってるよねなんでその価格？
すみません…でもこの価格ならずっと掲載するとのことでして…
「ずっと」っていつまで？来月？来年？再来年？
うぐぐ……
原価割れダメ、ゼッタイ!!
あれから10年…
ここまで「ずっと」だとは思わなんだ…
？
その店は現在もなお掲載している
結果オーライ？

第4章 出会いは一期一会

①見た目って大切！
②魔法のことば

第1話　見た目って大切！

居酒屋「パオパオ」の店長が 知り合いの飲食店オーナーを紹介してくれた
はじめまして求人エースのえりたと申しま…
あー！ 君がえりたさんね！話は聞いてるから！
実はさー今度の日曜にフランチャイズの展示イベントに出店するんだけど人手が足らなくてさ！手伝ってくれない？
東京なんだけどね!!
えっ求人広告の話ではないんですか？
???
パオパオ店長が君のことすごくいい子だって言うからさ！
きっとイベントの手伝いもしてくれるんじゃないかなと思って！
えーと……
私 そういったイベントに参加した経験がないのでご迷惑になるんじゃないですかね…
経験なくても全然ＯＫだから！
断れる雰囲気がまったくない（汗）

でもパオパオ店長の顔をつぶすわけにもいかないし…
わ わかりました よろしくお願いします
サンキュー！ じゃあ今度の日曜 朝9時に現地集合でよろしく！
迎えた日曜日――
うーねむい… こんなに早起きしたの久々だよ…
5時おきって…
ちゅんちゅん
おはようございます！
えりたさんですよね？ 店長やってるタクローです 今日はお手伝いありがとうございます！
うわーすごい爽やかな人だ…！
こちらがうちの社長の島田です
GDフーズの島田です 今日は手伝いに来てくれてありがとう！

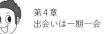

この前の電話のときも思ったけどパワフルで迫力がすごいなぁ…人気店の社長なだけあるっていうか…
なんか君あれだね！
「田舎まんじゅう」に似てるよね⁉言われたことあるでしょ⁉あはははははは
ズドーン!!!
ぐふっ
いなかまんじゅう…
がっかりするな！改善の余地はある！
君にいいことを教えてあげよう！
人は見た目に左右される!!

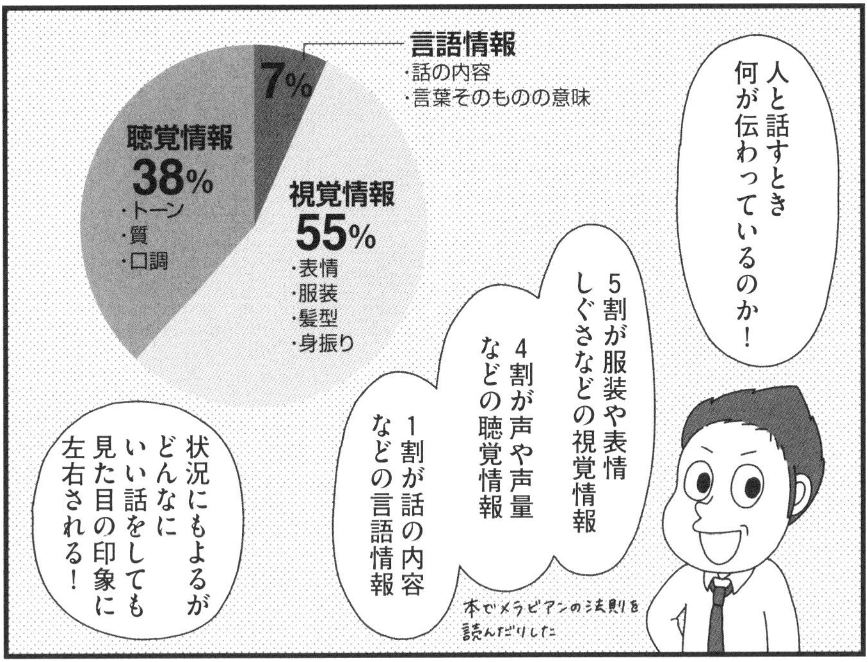
人と話すとき
何が伝わっているのか！
5割が服装や表情
しぐさなどの視覚情報
4割が声や声量
などの聴覚情報
1割が話の内容
などの言語情報
状況にもよるが
どんなに
いい話をしても
見た目の印象に
左右される！
本でメラビアンの法則を
読んだりした
言語情報
7%
・話の内容
・言葉そのものの意味
聴覚情報
38%
・トーン
・質
・口調
視覚情報
55%
・表情
・服装
・髪型
・身振り

確かに…
私も無意識に
二人を見た目で
判断してた！
なるほど〜
パワフル・怖い
威圧的
爽やか・おだやか
やさしそう

ぱっと見は
地味だし芋っぽいし
だから俺は今
「田舎まんじゅう」と
しゃべってるような
もんだな
そんなぁ〜

というわけで えりた！ そんなダサい 格好じゃ ダメだ！
へっ!?
イベントなんだから その場にあった 服装が大切だ そのスーツは地味だし 堅苦しいぞ！
え… じゃあ どうすれば…
上着脱いで！ スカートは 腰で巻いて短く！ シャツのボタンを 少し開けて！ 前髪と後ろ髪は 上げて！
はいっ
おっ！これで 少しはマシだな イベントでは 少しでも目立て！ 人の多さに 負けるなよー！
ペカーッ

イベント会場は
すでに大勢の人で
にぎわっていた
わわっ
なんだこの
人の数は！
ここで私は
何をすれば…？
タクローと
一緒に
チラシ配って
客引きして！
ブーム到来！
ジンギスカン店
オーナー募集！
みんな
気合入ってるなぁ
派手な
人たちばかり
モバイル市場が熱い！
おにぎり革命
私
場違いな感じが
ものすごいん
ですけど!?
モバイル市場が熱い！

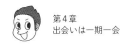

開場したぞ！ほら行け！
ぞろぞろ
え えーと…
ジンギスカンのお店のオーナーにな なりませんかー…今人気のジンギスカンです…
だめだ…誰も目に留めてくれない
タクローさんはどうなんだろう…
ちら
タクローさんすげぇ…！
お姉さまお話だけでも聞いてみませんか？
えーじゃあ聞いてみようかしら…
見た目に左右される意味を身をもって知った

第2話　魔法のことば

えりた!
「けむりもくもくジンギスカン!」って言え!
目立つから!!
かあああっ
えええ!
なんですかそれ…
け…けむ…
うーーん
恥ずかしい…
どうしよう…
学習塾
ハートフルな塾をめざして
えりた!
オロオロ…
きょろきょろ…

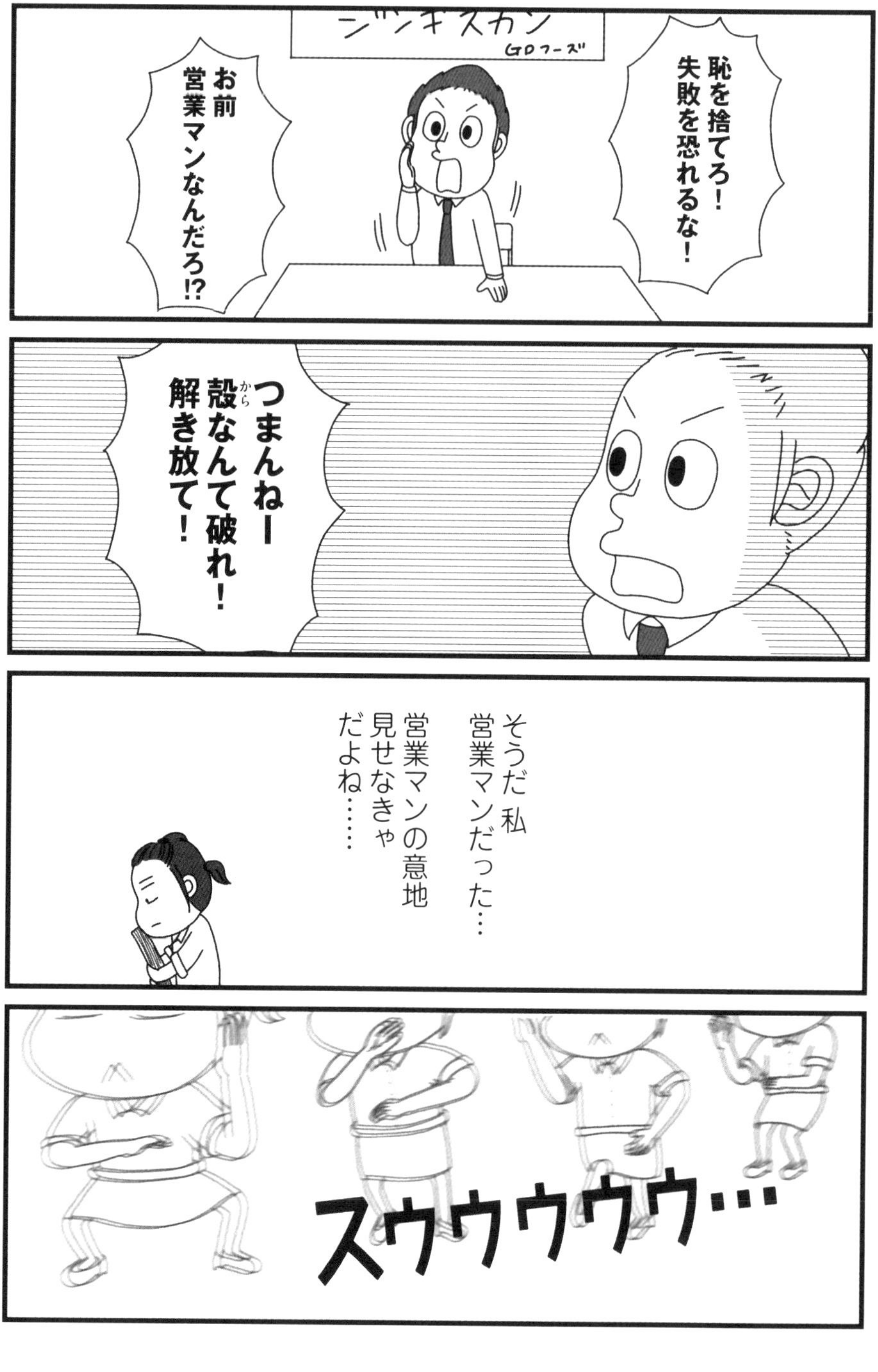
ジンギスカン
GDフーズ
恥を捨てろ！失敗を恐れるな！
お前 営業マンなんだろ!?
つまんねー殻《から》なんて破れ！解き放て！
そうだ私 営業マンだった…
営業マンの意地 見せなきゃだよね……
スウウウウウ…

けむりもくもく
ジンギスカン！
すこしにおうが
くせになる
私は恥を捨て
全身でジンギスカンを
アピールした…！
ジンジンじんじん
ジンギスカーン！
ブーム到来！
ジンギスカン店
オーナー募集！
なぬ！
人が
集まってきた…！
ザワザワ…
なんだー？
あいつアホだ！
最高！
もっとやれ！
ガハハハハハハ!!
……

恥を捨てると冷静に周囲を見渡せるようになり
これ…普段の営業にも通じることだよな
モバイル市場が熱い!
これだけ多くのライバルがいるなかでいかに差別化して印象をよくするか
どうぞこちらへ!!
モバイル市場が熱い!
見た目だけじゃなくて声のかけ方とか表情とかみんなそれぞれ工夫してるんだろうな
島田社長口調は荒いけどいいこと言うじゃん
ジンギスカン店
私もただ目立つだけじゃなくて印象に残る呼びかけをしよう
こんにちは!今話題のジンギスカンです!
ブーム到来!ジンギスカン店オーナー募集!

イベント終盤に差し掛かるとお客様から声をかけてくれることも
ちょっと話聞いてみようかしら？
ありがとうございます！どうぞこちらへ
飲食店経営に興味がありまして…未経験ですが大丈夫でしょうか？
もちろんです未経験から活躍されてるオーナー様もいますし
飲食店というのはお客様に「元気になっていただく」場所だと思っています
料理・接客サービス・店の雰囲気などトータルで満足していただくことが大切です
お客様の立場に立ったアイディアを存分に活かしながら店をカスタマイズできるのがフランチャイズの魅力です

飲食店経営のノウハウは我々がしっかりサポートしますのでおまかせください！
社長かっこいい！
いやーおつかれ！イベントも無事に終了したし今日はだいぶ収穫があったなぁ
えりたが呼び込んだ夫婦も興味をもってくれたぞ
それはよかったです！
島田社長が言ってた**「おまかせください」**っていい言葉ですね
信頼できて安心感があって…私もあんなふうに言ってみたいです！
おーそうかぁ？
けどなあれはな 万が一加盟店の経営がやばくなった場合の責任を取る覚悟を含めた**「おまかせください」**なんだよ
なかなか重い言葉だろ？
帰るぞ〜
スッ…
なるほど…!!

いつもとは違う体験だったけどなんだかすごく勉強になる1日だった
これからは積極的にいろんな経験積んでいきたいな
えりたも客に「おまかせください」って言ってみろ今までと違う責任とハードルを感じてそしてそれを乗り越えてみろ
おまかせください…
それはこの先何年もの間私を強くしてくれる魔法の言葉になった

その後… 求人広告の仕事もいただけました!
タクローさん効果もあってか50人以上の応募が…! スゴイ!

ア ホールスタッフ
未経験者大歓迎!一から丁寧に教えます♪
内容 / 接客・オーダー・配膳
資格 / 18 歳以上
20 代〜30 代の女性活躍中
時間 / 17:00〜24:00
※1日2時間・週2日〜OK
待遇 / 交通費支給、制服貸与
食事補助、深夜手当有
応募 / まずはお気軽に連絡下さい
グッドダイニング
[redacted]
店長のタクローです☆
00-0000-0000

DATE ・ ・

すさまじい朝礼を見た お客様あるある！

広告用の写真撮影に行ったのですが…
これより朝礼を始める！
はいっ!!
本部長！本日我が営業所では！新規受注20件を必達目標とし！所員全員死ぬ気でがんばる所存です！
おそらく本社に電話してる
ガクブル
同じ営業職なのにこうも違うだなんて…
以上 朝礼を終わる！このあと広告用の写真撮影に入る！整列しろ！
求人さん よろしく!!
し…しつれいしますぅ…
おはようございます！よろしくお願いします！
ひえええええ…
圧《あつ》がすごい！
このあと プロ級の 営業スマイルを いただけました…!

お客様あるある！

プロ葬儀屋

葬儀屋さんと広告の打ち合わせ
――というわけなんですよ
あっはっは
明るいお客様だなぁ～
部長 お客様がいらしてます
ん わかった じゃあ広告よろしくね！
はい！ よろしくお願いします
ああそうか 葬儀の打ち合わせもあるんだな…
木村様…
このたびはお悔やみ申し上げます
葬儀のプロはさすがだ…

葬儀屋さんは
もしもの時の
心強い存在
ですよねぇ…

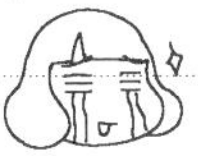

DATE

お客様あるある！

嫌味を言いたい気持ちもわかる

田中様 いつもお世話になっております 先日は求人広告のご掲載ありがとうございました
それがねぇ… 応募なかったんだよ 大金かけて広告出したのにねぇ…
そうでしたか…
応募なかったけど… これから銀行に広告代振り込んできますよ…
じゃあ行ってきますね…
はい… 行ってらっしゃいませ…
………
なんも言えねぇ…
ピッ
…

お客様あるある!

個人のお客様もいる

もしもし…家政婦を募集する広告を出したいんじゃが…
お おじいちゃん!?
かなりご高齢の方から問い合わせがあり
自宅へ打ち合わせに行った
もう体がきついからお手伝いさんを募集したいんじゃ…
そうですよねぇ〜
かしこまりました!
個人のお客様の広告掲載を担当したのはこれが最初で最後だった
年齢は30〜60歳くらいの人がいいのぅ…
すげーインパクトだなこりゃ…
家事代行
あなたの家事経験活かせます
内容／掃除、洗濯、炊事、犬の世話
時間／9:00～17:00
給与／委細面談にて
待遇／交通費支給
応募／まずはお電話ください
鈴木菊之助
某県某市ABC-1-2-3
00-0000-0000
無事に採用できたそうな…
私が応募しました!

DATE

飛び込み先あるある

営業ってすばらしい

営業は
名刺さえあれば
どんな企業・店にも
営業をかけることが
できる
いろんなお客様と出会えるのが営業の醍醐味だよね☆
飛び込んだ先のお店が
AVショップだったり
こんにちは〜！はがががっ！
求人広告は間に合ってまーす
タトゥー屋さん
だったり——
こんにちは〜ほげげっ！
TATOO
あ？
なに？
すみませんでしたぁ〜!!
いろんな世界を
知ることができて
毎日が
ファンタスティック！

飛び込み先あるある
パチンコ店内で困ること

パチンコ店にて
求人エースのえりたと申します！店長様はいらっしゃいますか
——ですが
ジャララ〜 ジャラララ〜
ピロリン ピロリン
ジャラララ〜
ジャラララ
えっ？もう一度よろしいですか？
店内が騒がしいのでスタッフさんと会話できないことがしばしば
なのでスケッチブックで筆談することもあるが
ジャララ〜 ジャララ〜
店長さまはいらっしゃいますか？
① いる
② いない
えーと…1ばん…
ピロリロリン〜
熟練の営業マンはちゃんと聞こえるらしい
ジャララ〜 ジャララ〜 ピロリロピ
テレテン テレテン タラリラ
かしこまりました
ええ、ええ
なんで普通に会話できるんだろう…？
同行中

飛び込み先あるある

押してもダメなら引いてみる

テレアポ中――
恐れ入ります 社長様は いらっしゃいますでしょうか
あー… 今週いっぱい 出張で留守です
また営業電話…
社長様は二重敬語なので正しくはないけど使ってしまう… 悲しき営業の性《さが》
ついつい…
ここの社長 ずっと出張してるなぁ～ 求人広告は出してるのに どうしたものか…
私が社長です！
応募待ってます！
思いきってその日 飛び込み営業をしてみたら…
失礼いたします 求人エースのえりたと申します
社長いたー!!!
はい 何でしょう？
居留守を使われることはザラです
電話がダメなら行くしかない！
おりゃ～～っ

飛び込み先あるある

ガソリンスタンド

ガソリンスタンドへの飛び込み営業は…
車で敷地内に入った瞬間
GS
CAR SERVICE
オーライオーライ
求人エース
ブロロ…
オーライはいオッケーでーす!
あわわ…
給油所へ案内されてしまう
すみません求人広告の営業の者でして…
んだよ営業かよ紛らわしい…

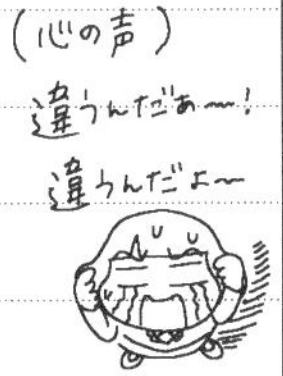
(心の声)
違うんだぁ〜!
違うんだよ〜

歩いて行くか…

DATE

早朝5時がチャンス

テレアポあるある

建築・土木系の会社は社長が終日外出していることが多いためなかなかつかまらない
ただいま社長は現場に出ています直帰するので事務所には戻りません
社長様が事務所にいらっしゃるのはいつも何時頃ですか
朝5時です
朝から お仕事 お疲れ様 です!
翌日 朝5時にテレアポしてみると
社長様 おはようございます! 求人エースのえりたと申します
求人広告? おー出そうかな
それから週1回 朝5時に建築・土木系のお客様にテレアポしてみたら…
おはようございます 求人エースのえりたです
in 自宅
受注率が格段にアップした
朝から ひと仕事!

あるあるテレアポ

テレアポを楽しく

何件もテレアポしているとどうしても気が滅入ってしまう
楽しくテレアポしたい…
つかれた…
あっ そうだ！
六角鉛筆に色んな役を書き込み転がすことに
コロ…
お次は熱血営業マンモード！
役になりきってテレアポするので表現の幅は広がるが
ありがとうございます！お役に立てるよう精一杯努めてまいります！
熱血営業マンモード
周囲からドン引きされることもしばしば…
ええそうですよねぇわかりますぅ…♡
あいつ何やってんだ…？
お色気むんむんモード

仕事は楽しく！

DATE

テレアポあるある

テレアポには手鏡必須

テレアポするときは机に手鏡を置くといいよ～口角は上がっているか目元は笑っているかテレアポしながら手鏡で表情をチェックするの
おおー！
笑顔で話せば自然と声も明るくなるんだよ
お試しあれ♪
ありがとうございます！早速実践してみます！
しかし熱中してるときにふと手鏡に目をやると
そうなんですね！ではなおさら当社の媒体をお試しいただきたく!!
ちら
うわー恐ろしくうさんくさい顔してるな…
この笑顔に少し凹む…

いい声出すには姿勢も大事！
シャキーン!!

そっ閉じ……
パタン

第5章
失敗は油断した頃に…

①トラブルで大損害!?
②幸せへのジャンプ
③壁を乗り越えて

第1話　トラブルで大損害！？

社会人1年目の秋
引き継いだ顧客に
怖そうなお客様が…
人材派遣会社
PAサービスの
宮沢です
キラーン
引継客リスト
おそらく30代前半
デキる営業マンオーラ
鋭いナイフのような
目力
よっよっよっ
よろしくお願い
します…
引き継ぎの
あいさつのとき
怖かったなぁ…
引継客リスト
引き継いでから
初めての打ち合わせに
向かう途中
まさかの大渋滞！
遅刻しそう！
やばいよ〜
のろのろ…
求人エース
時間にはギリギリ
間に合ったのだが…
時計5分進んでる…！？
ぜぇぜぇ
約束の時間
過ぎてますよ
なめてるんですか

…まぁいい
さっさと打ち合わせしましょう
今回は求人誌ではなく
※単独求人折込チラシの作成を頼みます
はぁ…
※企業独自がオーダーメイドで作成する求人チラシ
エリア・部数・折込日など自由に決められる
今月20日に新聞折込で
部数は10万部
A市中心に配布
前任の方も何度かされていましたが
流れはわかりますか?
こんな大がかりな仕事
初めてだなんて
とても言えない…!
聞いてます…?
は!!
えーと
えーと
ん…?
えーとー…
は…はい!!
お嬢さん…
やる気がないなら
うちの担当
やめてもらっても
いいんですよ…?
やります!
ちゃんとやります!
宮沢様から見て
私の印象は最悪だった

緊張した〜
先輩は求人誌の仕事をしながら単独チラシの仕事もしていたのかぁ〜すごいな
営業5年目でノウハウも経験もある先輩から営業半年のへっぽこな私に担当が変わるなんて
そりゃお客様もがっかりするよね
しかも先パイめっちゃ美人だし…
とはいえ会社が長年取引してきたお客様…
やるしかない！
ふおおお〜〜〜!!
求人エース
25-25
帰社後すぐに主任から折込チラシ制作の流れを教わり
はい
はい

❶まず折込日が決まったら折込会社に連絡
20日にA市で10万部配布するので手配をお願いします！
では18日までにチラシ納品をしてください
❷納品日が決まったら印刷工場に連絡
チラシ印刷をして折込会社に18日着で発送をお願いできますか
あーじゃあ15日までに印刷データちょうだい
❸制作工程をデザイナーと相談
12 13 14 15 16 17 18 19 20
今日 校了 印刷 発送 納品 折込
印刷工場
折込会社
15日までにチラシを完成させたいんです…
すみません…
えっ…あと4日しかないですよ？急だなぁ〜
折込会社・印刷工場デザイナー…この3者＋宮沢様と連絡を取りながら仕事をスムーズに進めるのがえりたの役目！みんなの伝書鳩になれぃ！
はいっ!!
ポッポー

タイトな進行だがデザイナーさんの丁寧で素早い対応に助けられ
できました—
時間のないなかで素敵なデザインを…！さすがですありがとうございます
内容に間違いがないかチェックしてお客様に連絡をした
お客様！チラシデータメールしました！
ご確認ください！
するとすぐに修正依頼メールが…
修正15ヵ所
修正願います。宮沢
インパクトのあるデザインに
新規スタッフ50名大募集！
キャッチコピー変更
A市B町 太く
パネルの製造
時給1,050円～
逆
A市C町 太く
清涼飲料水の検品
時給1,200円～
げっ なに この直しの数は…ほぼ全面変更…！
何度か修正を経てようやく校了となった
ぐったり…
印刷用データをお送りしました手配をよろしくお願いします
部数が多いんだから余裕をもって早く送ってこい！

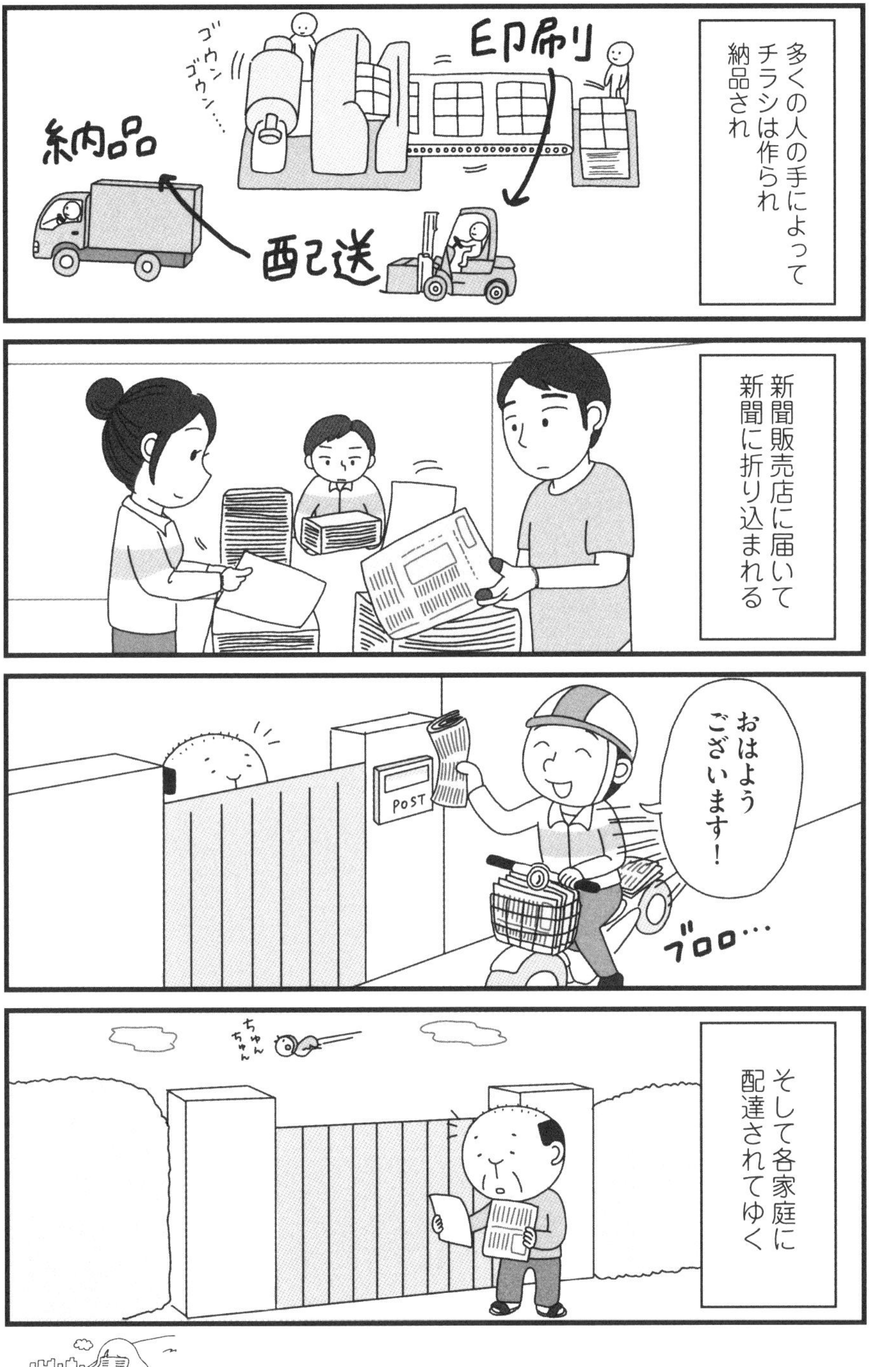
多くの人の手によって
チラシは作られ
納品され
ゴウン ゴウン……
印刷
配送
納品
新聞販売店に届いて
新聞に折り込まれる
おはよう
ございます！
POST
ブロロ…
そして各家庭に
配達されてゆく
ちゅん ちゅん

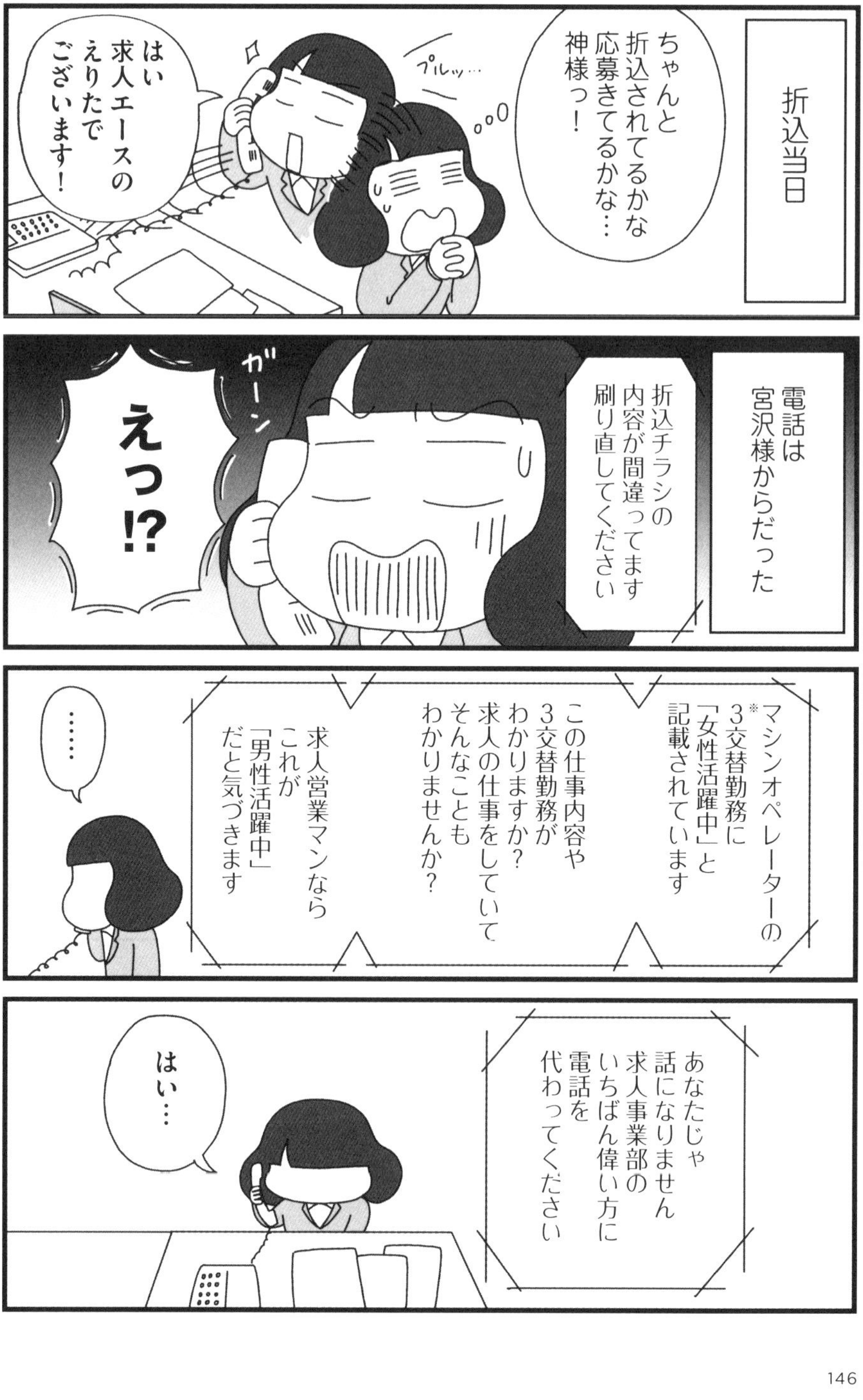
折込当日
ちゃんと折込されてるかな応募きてるかな…神様っ！
プルッ…
はい求人エースのえりたでございます！
電話は宮沢様からだった
折込チラシの内容が間違ってます刷り直してください
ガーン
えっ!?
マシンオペレーターの※3交替勤務に「女性活躍中」と記載されています
この仕事内容や3交替勤務がわかりますか？求人の仕事をしていてそんなこともわかりませんか？
求人営業マンならこれが「男性活躍中」だと気づきます
……
あなたじゃ話になりません求人事業部のいちばん偉い方に電話を代わってください
はい…

※1日を日勤、準夜勤、夜勤の3つにわけてシフト勤務で工場などを24時間稼働させること

部長すみません…
私が担当している
PAサービスの
宮沢様が部長と
話がしたい
とのことでして…
折込チラシの内容が
間違ってたみたいで…
ああ
わかった
お電話かわりました
求人事業部部長の
山田と申します
いつも大変お世話に
なっております
ええ…はい…
大変申し訳
ありませんでした
こちらで一度
状況確認を行い
今後の対応について
早急にご報告を
させていただきます
……はい
では…営業担当も
変更いたしますので
大変なことに
なった…

営業担当を変更し
刷り直しをする
方向で話が進み
ひっく…
ひっく…
印刷代と折込代
合わせて約50万円の
損害——
宮沢様は相当
怒っていたそうだ
こんな小娘を
弊社の営業担当に
しないでくださいよ
でも当時の私は
宮沢様の指摘どおり
マシンオペレーターも
3交替勤務も
理解していなかった
ひっく…
こんな
ちょっとした間違い
いいじゃんか！
うっうっ…
うわーん
わーん
わーん
わーん
ダメ営業マン
それでも腹は減る…

後任は上村主任となり
先方と話がまとまってチラシ刷り直しなくなったぞ！
ええっほんとですか！一体どんな話を…
えーとね……
このたびは弊社の営業担当が至らないばかりに多大なるご迷惑をおかけいたしました
深くお詫び申し上げます
ですが校正の流れを見る限りいただいた原稿がすでに間違っており校正時に修正がなければそれはお客様にも責任が発生いたします
このまま刷ってもOKのサインをいただいていた以上刷り直し費用の全額負担はいたしかねます
…と言ったそれに「女性活躍中」と書いたことで逆に男性の応募が多くきたそうだ実際女性も働いてるようだしな結果オーライだ
主任…本当にありがとうございます…

それにな部長はえりたのことフォローしてくれてたぞ
え…
とはいえ今回の件私の部下の知識不足により招いたことは否定できません
御社のような大手企業様を担当する器量ではありませんでした
弊社は少人数でもあらゆる業務を任せていただいております
一人ひとりが責任感と鋭い判断力を持ちチーム一丸となってお客様のお役に立てる存在になりたいと思っています
今はまだ小娘かもしれませんが立派な営業マンになれたそのときはまた営業担当にさせてもらえませんか
と言ってた
部長…！

上司にフォローされ
先輩に励まされ
恵まれた環境にいる…
今日はもう定時で帰りな
これでも食べて元気をおだし
チョコ
ありがとうございます…
刷り直しなくなったんだって？よかったなぁ〜
ガハハハハ!!
あはい すみませんでした…
会社の損害がなくなってよかったじゃないか――
でも…
求人の仕事をしていてそんなこともわかりませんか？
あなたじゃ話になりません
ズキ…
こんな小娘を弊社の営業担当にしないでくださいよ
宮沢様の言葉が頭から離れることはなかった

第2話　幸せへのジャンプ

トラブルは解決したもののしばらく浮上できずにいると…
私は営業向いてない…
周りに迷惑かけるだけ…
辞めたほうがいいのかな…
えりた！今からドライブ行こうぜ！
えっ…部長 今は業務時間中ですけど…
いいじゃん！固いこと言わない！ほんの少しだけだからさ
レッツラゴーゴー♪
私の様子を見かねた部長が外へ連れ出してくれた
えーと…ちなみにどこへ…
ん？
近所をグルッとするだけ えりたと話がしたいんだよ
だってさぁ…この前の一件で落ち込みすぎなんだもん
…すみません

俺が新人の頃な なかなか営業数字が 上がらなくて苦しんで
それであるとき 苦し紛れにエステ会社に テレアポしたんだ
夜の12時にだ 正気じゃないだろ？ 当然怒られるだろ？
でも夜の12時に そこの社長は 仕事をしていた 社長もなかなか 正気じゃなくて 「お前面白いな！」って 気に入った！」って
求人エース
それから 十年来の上客だ 何が起きるか わからないよな
ははは
だからな えりたも若いうちは 思いっきり仕事しろ
失敗しても 俺と上村君とで フォローするから
でも…また ご迷惑かかるんじゃ ないですか？
上司なんて 迷惑かけてなんぼだ 気にすんな！
部長の言葉は 弱気になっていた私の 背中を押してくれた

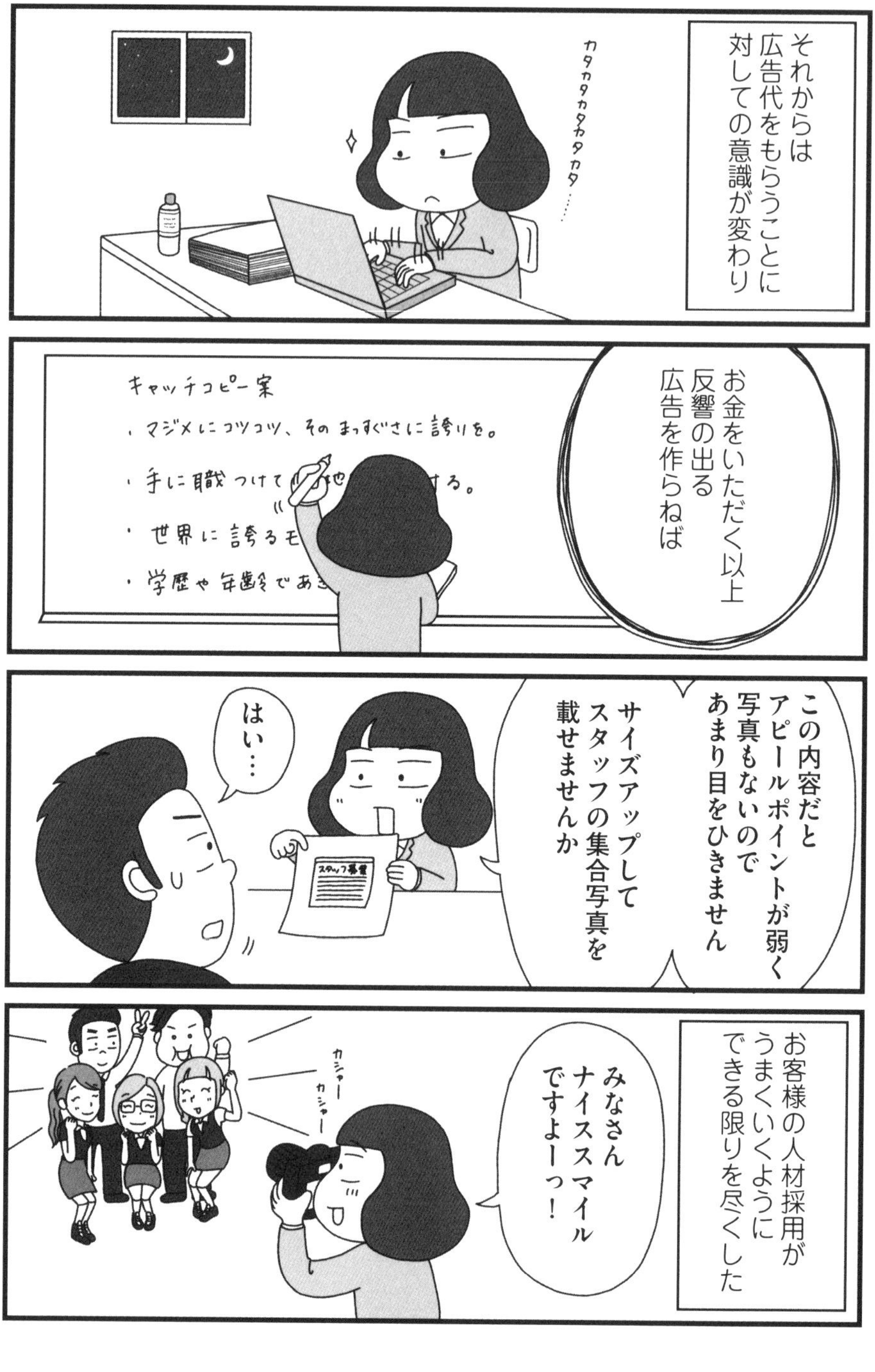

それからは広告代をもらうことに対しての意識が変わり
カタカタカタカタカタ……
お金をいただく以上反響の出る広告を作らねば
キャッチコピー案
・マジメにコツコツ、そのまっすぐさに誇りを。
この内容だとアピールポイントが弱く写真もないのであまり目をひきません
サイズアップしてスタッフの集合写真を載せませんか
はい…
スタッフ募集
お客様の人材採用がうまくいくようにできる限りを尽くした
みなさんナイススマイルですよーっ！
カシャー
カシャー

かしこまりました！
ほんの少しの「変わりたい」という気持ち
その積み重ねで人は変わる
私は自分にキャッチコピーをつけ名刺に印刷し
ACE
広告代理店エース
仕事の速さは約3倍!
丁寧な仕事を心がけています
えりた
某県某市是々 1-2-3
TEL.00-0000-0000
FAX.00-0000-0000
仕事の速さだけでなくすべてにおいて3倍にこだわった
2倍のがんばりでは少ないと思ったからだ
仕事の情熱も3倍増しで
ありがとうございます！

島田社長から
授かったあの言葉も
使うようになり
反響の出る求人なら
おまかせください!
この言葉のおかげで
より仕事に責任を
持つようになった
じゃあ
お願いしますね!
お客様の心に
寄り添い
信頼関係を築く
一歩となる
まさに
魔法の言葉だった
そうして
あっという間に
1年が過ぎていった
11月
12月
1月
2月
3月
4月

第3話 壁を乗り越えて

社会人2年目の秋を迎えた頃
……さむっ
営業成績はどんどん上がり
売上表
部長
主任
たまき
えりた
白崎
田辺
そして…
売上増加率1位 新規獲得数1位 回収率1位 部署内売上1位 他 すべての項目において優れた成績をおさめましたので
よって ここに その功績を称え…
今年の営業最優秀賞はえりたさんです おめでとう
ありがとうございます
パチパチ
パチパチ
なんと営業最優秀賞に選ばれました

えー…このたびはこのような賞をいただけたこと嬉しく思いますこれもひとえに
部長をはじめ支えてくださった上司・先輩・同僚の皆様のおかげだと心から思っています本当にありがとうございます
また昨年はトラブルを起こしかけ担当から外されたこともありましたあの出来事を機にもっと成長したいと思うようになりました
そのお客様といつかまたお会いできたら営業担当はおまかせくださいと言いたいです
それが私のがんばるいちばんの動機であり本心だった

そんな受賞スピーチから少し経った頃…
ハケンテック
新しい派遣会社できたんだ！早速 飛び込み営業しよう！
City WORK
こんにちは 失礼いたします わたくし 求人エースのえり…
はっ!!!
宮沢様ッ――！
あ…!! えっと…!!
あ…
新しい派遣会社に転職していた宮沢様に遭遇
担当を上村さんにしてくれたらおたくと取引しますが
ガビーン…
上村主任
またもや撃沈――

それからさらに数年経ったある日
プルッ……
はい 求人エースでございます
求人広告の問い合わせが……
PA社とMA社が吸収合併して MAHホールディングスを設立しまして 来月そちらの地域に初出店するんです…
間違いなくこの声はあのお客様――
時は来た
…?

宮沢様は電話の相手が私だと気づいていなかった
宮沢様…
わたくし数年前に営業担当をさせていただいたえりたです
その節はわたくしの未熟さゆえに大変なご迷惑をおかけしましたこと改めてお詫び申し上げます
私はあれから情熱と覚悟をもって求人広告の仕事をして参りました
いつか宮沢様とお会いできた際に信頼できる営業マンとして認めていただきたかったからです
これまで私ががんばってこられたのは宮沢様のおかげなんです
もう一度チャンスをいただけないでしょうか？
宮沢様は私が営業担当になることを快諾してくれた

宮沢様は大手企業の偉い方になっていた
全国各地で支店立ち上げスタッフの育成etc
お会いするの久々だなぁ
私はこれまでに得た知識と経験をフル稼働させ——
求人メディア動向
地域の求人状況
有効求人倍率
最近 この地域では派遣会社と派遣先が協力して人材育成に力を入れる動きが高まっています
御社独自の※OJT制度を大々的にアピールしませんか！
なるほど…じゃあアピール方法は君に任せるよ
宮沢様は私を信頼してくれるようになった

※On the Job Trainingの略。実際の職場で働きながら業務の訓練をする教育手法

広告の提案内容も
費用対効果も
仕事のスピードも
はいっ
承知いたしました
では10分以内に
メール送信いたします
新人時代に比べて
格段に質が上がり
宮沢様をフォローし
オフィス開設まで
精いっぱい務めた
開設御祝
お問い合わせ
いただいた資料です
それと…このたびは
オフィス開設
おめでとうございます
えーっ
ありがとう！
そういや…
新人時代の君を
ふと思い出したん
だけどね
開設御祝
え…？

最初に会った頃の君は自信なさそうでおどおどしててだめな営業マンだと思ったけど
人って変われるんだねぇ
オフィス開設まで不安だったけど君のおかげで随分と助けられたよ
ありがとう
宮沢様からの感謝の言葉はただただ嬉しかった
こちらこそ…ありがとうございます！
私はそのときわかった

冷たい対応をされようがどんなに嫌なことを言われようが
ありがとうございました
まずは自分が変わらないと
自分が変わればお客様も変わる
営業マンとして大切なことは「信頼されること」「自分が変わること」
それに気づけた私はちょっとだけ成長したかもしれない

校正あるある

校正ミスにご注意を！

校正ミスでいちばんやってはいけないこと
それは…数字の間違い
病院の求人広告で看護師の給与を時給25万円と記載してしまい…
誠に申し訳ありません！
こっちも確認してたからお互い様ですよ求職者もさすがに月給25万だって気づくと思いますし
ところが求人誌発行後——
プルルルル
プルルルル
プルルルルル
プルルルルル
えっ!?
ものすごい数の問い合わせが殺到し対応に追われたそうだ…
時給25万ってほんとですか？
いやぁ〜それがですねぇ…
本当に申し訳ありません!!

校正も数字にこだわれ！

じ…時給25万円!?!?!?
求人エース

校正あるある

終わらない修正指示！

広告を取りまとめる人がいない会社もたまにある
メールで原稿を送りました
GO! GO!
10名ほどの社員さんからそれぞれ修正指示が入り
給与赤文字に
フォント変えて
写真別の使って
もっと大きく
キャッチ目立たせて
もっとインパクト
ひぇ〜
全員分の修正を反映させても
修正送りました…
…
再び十人十色の修正が入る（汗）
担当者決めて取りまとめてよ〜
終わらないよこれ〜！

校正あるある

隣り合わせは禁物!

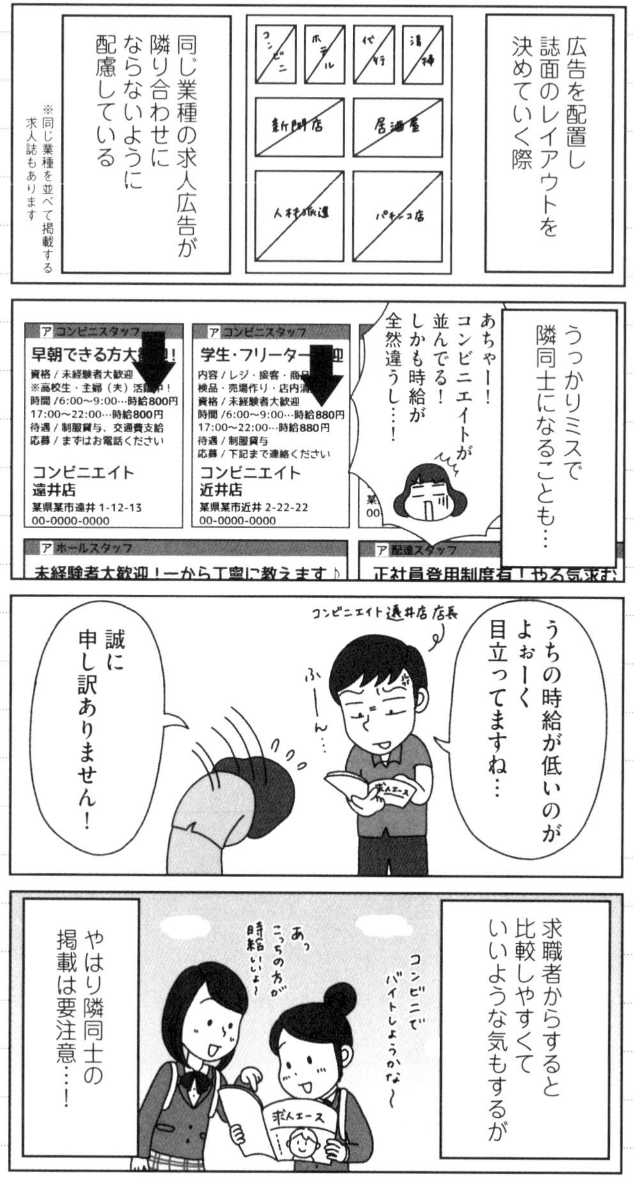
広告を配置し誌面のレイアウトを決めていく際
コンビニ
ホテル
代行
清掃
新聞店
居酒屋
人材派遣
パチンコ店
同じ業種の求人広告が隣り合わせにならないように配慮している
※同じ業種を並べて掲載する求人誌もあります
うっかりミスで隣同士になることも…
あちゃー!コンビニエイトが並んでる!しかも時給が全然違うし…!
ア コンビニスタッフ
資格 / 未経験者大歓迎
時間 /6:00〜9:00…時給800円
17:00〜22:00…時給800円
待遇 / 制服貸与、交通費支給
応募 / まずはお電話ください
コンビニエイト 遠井店
某県某市遠井 1-12-13
00-0000-0000
ア コンビニスタッフ
学生・フリーター
資格 / 未経験者大歓迎
時間 /6:00〜9:00…時給880円
17:00〜22:00…時給880円
待遇 / 制服貸与
応募 / 下記まで連絡ください
コンビニエイト 近井店
某県某市近井 2-22-22
00-0000-0000
ア ホールスタッフ
ア 配達スタッフ
うちの時給が低いのがよぉーく目立ってますね…
コンビニエイト遠井店 店長
ふーーん…
誠に申し訳ありません!
求人エース
求職者からすると比較しやすくていいような気もするが
コンビニでバイトしようかな〜
あっこっちの方が時給いいよ〜
求人エース
やはり隣同士の掲載は要注意…!

時給80円の差は大きい…!

校正あるある

シフト制の落とし穴

サービス業のお客様はお休みがバラバラだ
今日は店長休みッスね〜
そうなんですか…今日校了日なんですけど原稿内容のオッケーをまだもらえていないんです
あーこの原稿ッスね〜これで大丈夫っすよ!店長の代わりにオッケーだします!
スズキ
えっいいんですか?
アルバイトの鈴木さんに確認を取ったものの…
嫌な予感しかしない…
とはいえ店長と連絡つかないし…
翌朝——
いやいや全然オッケーじゃないし修正してください
店長
すでに印刷に回ってしまいまして…申し訳ありません…
サービス業は担当者のお休みを確認しないとトラブルのもと!

バイトの鈴木ッス!

今はスマホがあるから便利ですよね〜
OK!
休みでも連絡とれる…

営業女子のお悩み えりたにQ&A

Q まさかのトラブルやクレーム! どう対処していましたか?

A すぐ上司に報告

トラブルは時間が経つほどこじれるケースがほとんどなので、一人で抱え込まず、すぐに上司に報告していました。悪い報告をするときは頭のなかでどんどん悪い方向に考えてしまうことも…。なので、2章で「報・連・相」の大切さについて取り上げましたが、悪い報告ほど迅速に行うことで、対応できる選択肢が多くなるかと思います。

A 謝罪に徹し、解決策を提示する

謝罪に誰が行くべきか、どのタイミングで行くべきかも上司の判断を仰ぎました。また謝罪の際は、相手の不満や感情を最後まで聞くようにしました。どんなに理不尽な言い分でも、絶対に話の腰を折らないほうが良いです。全てを吐き出してもらうことで、相手の気持ちが落ち着く場合もあります。「トラブル原因→解決策」をセットにして提示すること。解決策に関しても自分の判断で進めず、上司とよく相談して決めるのが良いと思います。

A クレーム後のフォローが大事

クレームが落ち着いた頃に、あらためてお客様へ謝罪の手紙を送り、誠意を伝えました。その後は、社内でもトラブル内容と解決策を報告・共有して再発防止に努めました。

クレームはお客様からの意見を
伺える機会でもあります
真摯に受け止め誠実な対応をしていくことで、
お客様との関係を築く一歩になります

その後もかかってくる電話が…
川本さんー！がんばって！
電話取るの怖いです…
RRRRR
電話取るの緊張するよね
社名をちゃんと聞き取れるかうまく取り次げるか不安で…
えーと…
新入社員が率先して電話を取る理由ってわかる？
えっ
…まだ仕事が少ないからですか？
入社したばかりだと社員の顔と名前が一致してないよね？
うちの会社の情報誌のこともまだよく知らないだろうし？
どこの会社と取引してるのかもわからないよね？
はい…
A社
B社
求人エース

電話対応をするだけで
そのへんが少しずつ
わかってくるの
だからこそ
電話対応は
大切なんだよ
なるほど・・・・
最初は取り次ぎが
うまくいかなかったり
聞き間違いも
あるだろうけど
失敗しながら
覚えるものだから
失敗して大きくなれぃ!!
わからないことは
フォローするから
まずは電話に
出てみよう
はい
ありがとう
ございます!
RRRRR
あっ
電話きた!

がんばって…!
RRRRR
求人エースでございます コンビニエイト近井店の田口様ですね いつもお世話になっております
はい 少々お待ちくださいませ
ええと保留押して…
たまきさん コンビニエイト近井店の田口様からお電話です
はーい
落ち着いてできてる!
むしろ私よりうまい!!
率先して電話に出て取り次ぐことで社内外のことを知り次第に電話対応にも慣れていった
おーっ川本ちゃんいつも電話とっててエライぞ〜
ありがとうございます

しばらくして――
あのーえりたさん
ご相談が
ありまして…
はい
なんでしょう?
テレアポや
飛び込み営業って
なんでこんなに
断られるんですか?
しかも怒りながら
断る方が多いんです…
めちゃくちゃ
ヘコみます～
たしかに
へこむよね…
私も新人の頃は
全然うまくいかなくて
断られて
ばっかりで
落ち込んでたよ
あっ
もっ
もしもし
もしもし?
ガチャッツーツー……
そう
なんですか
だから先輩に
質問したり
営業系の本を探しに
書店に行ったりしたんだ
先パイ
教えてください!!
ふむふむ……
ビジネス書
コーナー
テレアポ
ハウツー本

そしたら マーケットの確率論で「さしみの法則」というものを知りまして!!
あら なんとまあ!
さ…さしみ!?
どんな集団でも構成される人たちは3・4・3の割合で分けられるというもので
たとえばテレアポに当てはめるとこんな感じ!
テレアポに対しての お客様の反応!!
3割 見込みあり
3割 見込みなし
4割 どっちかわからない
テレアポの7割は断られるものなのだから断られなかったら超ラッキーって考えると気が楽でしょ?
飛び込み営業も
見込みあり
どっちかわからない
見込みなし
へぇー!
それに テレアポって断られ続けてると迷惑なことをしてるんじゃないかって思わない?
はい 不安になります

でもね　必要な人は必ずいるの　断られても「ああ今は必要ないんだ」って思えばいいんだし
見込みあり
3割の見込みありのお客様を見つけるために電話すればいいんだよ
なるほど…そう考えればテレアポは怖くないですね
あとはテレアポ用の台本を作ること　自分がお客様だったらこういう質問するかもってシミュレーションするのが大切だよ
先パイから引き継いだ台本と私がアレンジした台本貸すね！
テレアポ台本
テレアポ台本　えりた
…ありがとうございます　がんばります
テレアポ台本　えりた
そして…
はい…えっ　よろしいんですか　ありがとうございます！

えりたさーん！アポ取れました！
おおおお!!
すごいじゃん！おめでとう！
あと3件アポとれるまでがんばります!!
後輩ががんばる姿ってこんなに嬉しいものなんだ…
これまでは自分自身のテレアポとか営業方法だけ考えてきたけど
お世話になります！
これからは後輩に教えていくことも仕事の一つなんだなぁ
私は部長や主任の気持ちを少しだけ知ることができたような気がした

第2話　営業と私

今日は同行営業に行ってみようか
はいー！
じゃあ私営業資料の準備します！
あ…まだ雨降ってますね
知ってる？「不況」と「雨の日」は営業マンにとってチャンスなんだよ
?
へっ？どうしてですか？
求人エース
「不況」も「雨の日」もいつかは訪れるもの
「営業しんどいなぁ」と思うのは売れない営業マン
チャンス!!
「競合の営業マンがひるんでる今がチャンス！」と行動できるのは売れる営業マン

どんな
大変な状況でも
自分の心持ちひとつで
ピンチをチャンスに
できる！
…って山田部長が
言ってた！
受け売りよ
ふふふ…
えりたさんって
前向きですし
めげないですし
すごいですよね
いやいや
まだまだ
半人前だよ～
でも
つらくて
営業辞めたいって
思ったこと
ないんですか？

私ね 入社1年目の頃
ひどかったの
失敗ばかりの
だめだめ営業でさ～
えっ
そうなんですか!?
想像できないです
上村主任に
怒られてばかりで
売上も良くなかったし
よく泣いてたよ
できの悪い
新人だったのよ…
……
毎日つらくて
何度も思ったよ
「明日辞めよう」って
今でも思うとき
たまにあるし
商談ノート
でも…

あいつなら乗り越えられるはずです
えりたありがとな！
上司なんて迷惑かけてなんぼだ！
つまんねー殻なんて破れ！
君のおかげで随分と助けられたよ

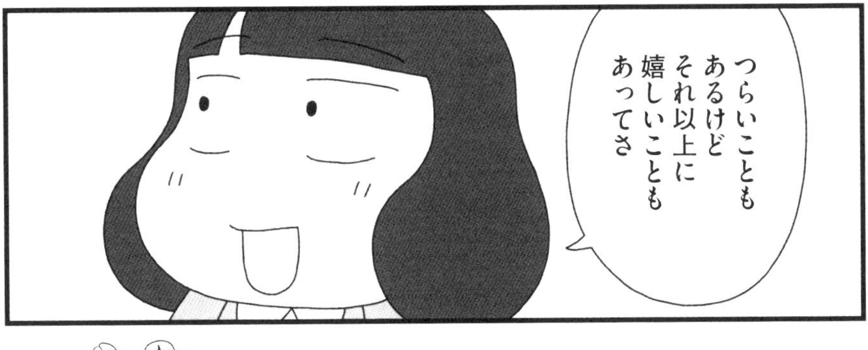
つらいこともあるけどそれ以上に嬉しいこともあってさ

それに営業先で出会う人たちはみんなそれぞれ誇りをもって働いていて
「君もがんばれ」って背中を押されてるようで
だから辞めずに来られたのかも
そうなんですか
…って言っても私もいまだにミスもするし
怒られたらがっつり落ち込むけど
失敗の数が多いほど人より成長してるんだって思うようになったの

だから…
失敗することがあったとしても一緒に乗り越えていこうね
はい！
契約が取れるのも
お客様の想いを形にするのも
広告で反響を出すのも
営業一人の力で成し得ることはできない
周囲の支えがあって初めて成り立つ
みんなで取り組む仕事だからこそ嬉しさも倍増するのだ
えりださんの営業トーク聞きたいです
えー…キンチョーするなぁ…
チラシ500部
志

営業のやりがいを伝えられる先輩になりたいな
あ！雨やみましたね〜
どんな仕事だって大変だ
つらくて苦しいときも
壁にぶつかることもいっぱいある
でも仕事で得られる喜びや
乗り越えた先にあるやりがいは
私の人生を
きっと豊かにしてくれるはず
よし
行くよ！

忙しくなるよ～！
はい！
だから私は今日も働きます！

エピローグ／あとがき

本書を最後まで読んでくださり
本当に本当にありがとうございました！
わん!!
主に社会人1年目のドタバタぶりをセキララに綴らせていただきました
やりなおし！
だいぶ前のことですが鮮烈すぎて昨日のことのように覚えています
社会人としての自覚がないまま飛び込んだ営業の世界はとても厳しく
売上目標
新規件数
粗利率
テレアポ数
DM数
対比
回収率
仕入れ値
売上
数字と向き合うプレッシャーと孤独さに押しつぶされそうな毎日でした

右も左もわからない
私が
営業マンとして
成長できたのは
上司や先輩
そして
お客様のおかげです
時に厳しく
時に優しく
背中を押して
いただけたこと
今でもずっと
感謝しています
どこかでこの本を
手にして
くださったら
嬉しいなぁ…

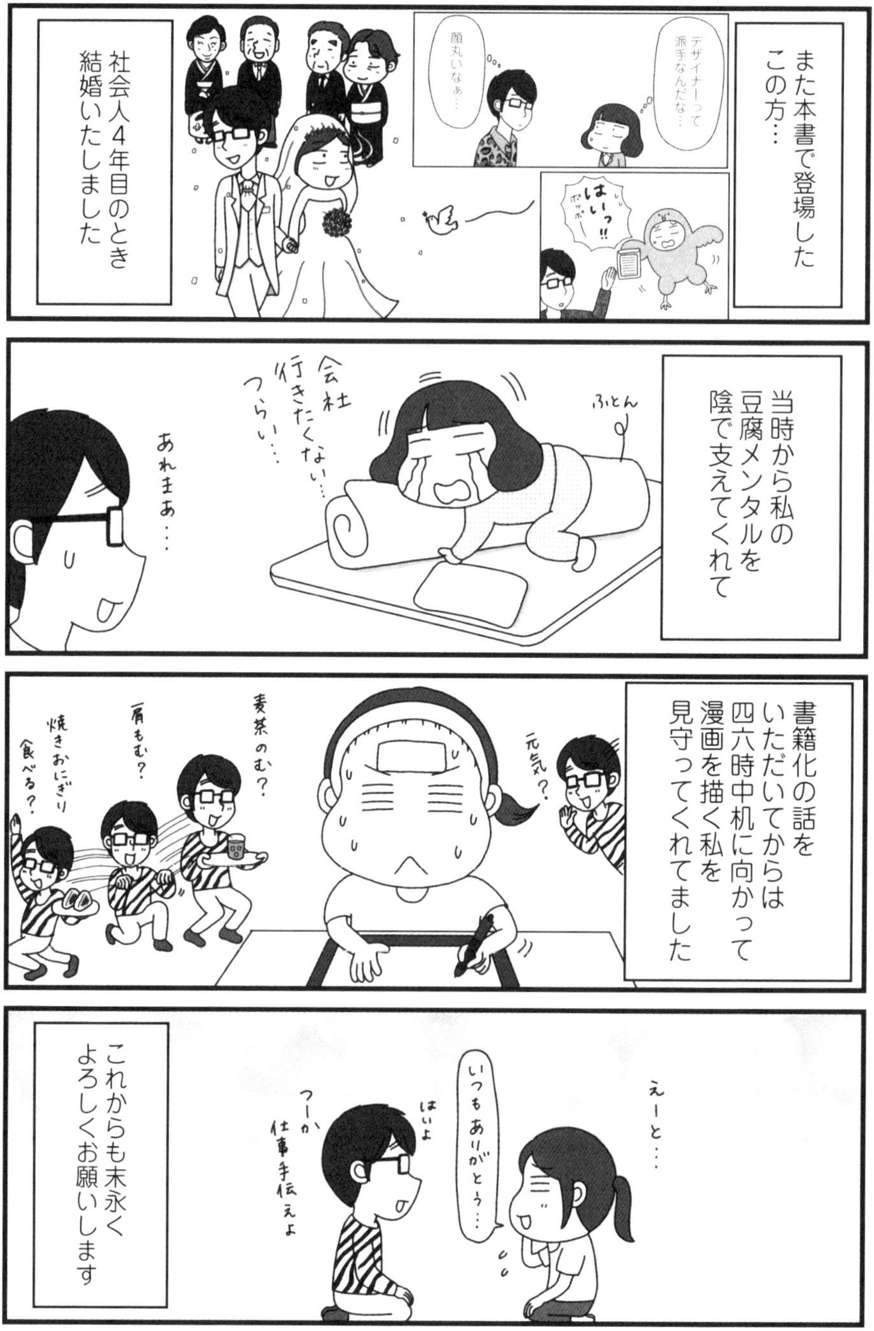
また本書で登場した
この方…
デザイナーって派手なんだな…
顔丸いなぁ…
はいっ!!
ポッポー
社会人4年目のとき
結婚いたしました
当時から私の
豆腐メンタルを
陰で支えてくれて
ふとん
会社
行きたくない…
つらい…
あれまあ…
書籍化の話を
いただいてからは
四六時中机に向かって
漫画を描く私を
見守ってくれてました
元気?
麦茶のむ?
肩もむ?
焼きおにぎり
食べる?
えーと…
いつもありがとう…
はいよ
つーか
仕事手伝えよ
これからも末永く
よろしくお願いします

何より…インスタグラムで出逢えた皆様ここまで読んでくださったあなた様
じ〜ん…
共感した！
いつも楽しく読んでます！
えりたがんばれ〜
仕事の参考になります
就活がんばります
どれだけ心の支えになったことか！ありがとうございます
今回 編集の棒田さんに最後まで親身にサポートしていただき初の書籍を刊行することができました
私におまかせください!!
てきぱき
ネームの直し
頼りになる！打ち合わせ楽しい！
かっこいい〜!!
また 素敵なデザインをしてくださった千葉さん DTPの臼田さん
千葉さん
臼田さん
イースト・プレスの皆様 中央精版印刷様 全国の書店様…
出版にご尽力くださったすべての皆様に心より感謝申し上げます
またどこかでお会いしましょう

コミックエッセイの森

地元《じもと》で広告代理店《こうこくだいりてん》の
営業女子《えいぎょうじょし》はじめました

2017年10月19日 初版第1刷発行

著者 えりた

装幀 千葉慈子（あんバターオフィス）

DTP 臼田彩穂

編集 棒田純

発行人 安本千恵子

発行所 株式会社イースト・プレス
〒101-0051
東京都千代田区神田神保町2-4-7 久月神田ビル
電話 03-5213-4700 FAX 03-5213-4701
http://www.eastpress.co.jp/
印刷・製本 中央精版印刷株式会社

※本作品は作者の実体験に基づいていますが、プライバシーに配慮して人物名・企業名などはすべて仮名となり、エピソードは再構成されております。ご了承ください。

ISBN978-4-7816-1592-9 C0095

えりたさんっ
次回ネーム 来週までに
お願いしますねー！
敏腕
編集者
棒田さん
はっ…はい〜